汤一介 乐黛云：给大家的国文课

汤一介 乐黛云 著

图书在版编目（CIP）数据

汤一介 乐黛云：给大家的国文课/汤一介，乐黛云著.--北京：北京时代华文书局，2023.4
ISBN 978-7-5699-4293-4

Ⅰ.①汤… Ⅱ.①汤…②乐… Ⅲ.①国学－通俗读物 Ⅳ.①Z126-49

中国国家版本馆CIP数据核字(2023)第020814号

Tang Yijie Yue Daiyun : Gei Dajia de Guowenke

| 出 版 人：陈　涛 |
| 选题策划：张　锦　陈丽杰 |
| 责任编辑：陈丽杰 |
| 执行编辑：石　雯 |
| 责任校对：薛　治 |
| 营销编辑：俞嘉慧　赵莲溪 |
| 封面设计：许天琪 |
| 内文设计：段文辉 |
| 责任印制：訾　敬 |

出版发行：北京时代华文书局 http://www.bjsdsj.com.cn
　　　　　北京市东城区安定门外大街138号皇城国际大厦A座8层
　　　　　邮编：100011　电话：010-64263661　64261528

印　　刷：三河市嘉科万达彩色印刷有限公司
开　　本：880 mm×1230 mm　1/32　　成品尺寸：130 mm×185 mm
印　　张：8.75　　　　　　　　　　　　字　　数：166千字
版　　次：2023年12月第1版　　　　　　印　　次：2023年12月第1次印刷
定　　价：59.00元

版权所有，侵权必究
本书如有印刷、装订等质量问题，本社负责调换，电话：010-64267955。

汤一介先生常说：人应该学会"在自由与不自由之间"生活，"在非有非无之间"找寻"自我"，照我看就是庄子的"顺自然"。他一生谨守祖训"事不避难、义不逃责"，精研中国传统文化，早岁究心佛道及魏晋玄学，后归本儒学。晚年参与创办中国文化书院、主持编纂卷帙浩繁的《儒藏》，厥功至伟。

我个人在时运好转时不曾狂傲膨胀，跌落低谷时从不自暴自弃。我知道存在荒谬，却不靠近虚无。我希望一直勇敢、浪漫、自然和自信，葆有开放、批评但也包容、非排他性的心态。

愿我们人类能在宇宙的无限丰富性和多样性即万物中，努力追求永恒与和谐，也能实现自我的价值：生命应该燃烧起火焰，而不只是冒烟！

乐黛云

2023年5月11日于北大

太阳拥抱大海

金丝燕

太阳拥抱大海
想把水和波浪分开

浮云弥漫出一个深谷
为了风音的显露
和生命的每一个状态
存在？不存在？
向内？向外？
没有被刺透的向度？

心 是清纯的
因为午夜呼吸其间

孩子
体验它所有的微细
当太阳从夜的摇篮醒来
心可能被无明附着
为了躲闪率直的体验
欢呼永远的两极
将它们淬火

天　你任意疯狂
云　雾　冰雹　风雪　暴雨　彩霞　夕阳
虚空的真相微笑依然
让隐相的心沉默

而我
要活出生命厚度的每一片段
和水滴数的星星
看　但不盯凝
安住赤裸的直照的光
心招魂它鲜活的众影

推荐序

儒雅质朴，浪漫天真

戴锦华

为两位我最敬爱的尊师乐黛云、汤一介先生的作品集作序，于我，饱含着僭越的惶恐与隐秘、丰盈的欣悦。如同有机会在一份自昨日发往未来之厚礼的包装纸上悄悄地印上一枚模糊的指纹。

两位先生的作品集是他们闲来偶为的夫子自道，是他们大波大澜的生命故事的余波或涟漪，是他们的"出处"与片段印痕。从容怡然、云淡风轻的文字之间与深处，是大时代雨急风骤的世纪回响。在汤先生那里，娓娓铺陈的，是几代人的文脉相继、书香凝敛，是时代的追随，也是价值的坚守；在乐老师那里，是迎向暴风雨的豪情、张扬与背负、承担。正像这对传奇伴侣的故事，风雨同舟，错落成影。

四十年前，他们并肩未名湖畔的背影，令我做出了终老学院的毕生之选。

最初与两位尊师相遇之际，是二十世纪七八十年代之交那些浓烈而急促的时日。那时，乐老师作为一位"归来者"，携带着某种近乎神圣的传奇光晕。在彼时彼地年轻人的眼中，这些历经了二十三年蹉跎、放逐，再度绽放活力的先行者，正是勇气、悲情与智慧的所在。不久，乐老师真真切切地以一己之力开创中国比较文学学科之际，在彼时我们的心中更冉冉如一颗明亮巨星，猎猎如一面醒目的旗帜。相较乐老师的领袖式炫目，在那时我幼稚浅薄的眼中，汤先生"只是"一位儒雅质朴的学者。尽管我大学时代的大胆妄为之一，便是公共课的报到点名之后，将书包沿排水管滑向草坪，然后溜出教室，混入哲学系汤老师的课堂。溜出与混入，事实上都顶着满屋同学不满乃至嫌弃的目光。于彼时千真万确地陷于社恐的我说来，无异梦魇。但整个学期，我不曾"缺课"于汤老师的道教研究的课堂，因为其中的魅力于我，如铁屑遇磁石。彼时，我一腔热血地仰望着乐老师，渴望成为一名军中马前卒，只是以为乐老师平复了西蒙娜·波伏娃的怨念；汤老师的社会身份似乎的确是"乐黛云的伴侣"。我甚至以为，乐老师日常频繁出访欧美各国的学术旅行中，汤老师是"随行家属"，而非事实上的"同量级嘉宾"。彼时尚不知：在中国比较文学披荆斩棘、落地生根的突破之畔，是汤老师主导的中国文化书院的支撑和共进；乐老师决意跨学科，创立中国自己的"缅因河畔法兰克福学派"的宏大构想，有汤老师学识、见地、胆略的共识和加成。彼时尚不知，曾经那些风雨如磐的日子里，汤老师自乐老师手中接过几个月大的孩子，送妻子踏上"农村改造"之途时付出了怎样的深情、勇气和牺牲，不知汤老师写给身为右派分子的妻子的信笺，抬头以"同志"二字开头向乐老师传递了多少跃然纸上、又无法付诸言表的爱与守候。

及至我年逾而立，终于成了乐老师麾下一名小卒，不时"蹲守"乐老师书房受训、倾谈或待命，汤老师多在自己的书房里办公，也不时隔墙介入我们的谈话和争论。那时，我才渐渐知晓：乐老师是帆，汤老师是锚。时不时，乐老师冲动、激愤的言辞，会续上隔壁汤老师一句带笑意的批评，偶尔，我们（有时是我）的激进议论会意外地赢得汤老师墙外的加盟背书。那时，我才近切地体会着他们生命的共振和同幅的脉动，才理解了乐老师那源源不绝的活力、创意，毫不吝啬的善意与意趣，得自怎样的思想与情感的富足的输入，来自怎样的爱、欣赏和包容。这也是这套丛书中的一本：两位先生给年轻人的珍贵的国文课。那是他们对时代、对中国、对文化，尤其是对年轻人与后来者的厚重而深切的爱意，是他们共同生命淌出的一线细流。

祈望这套精美的丛书：两位先生的细语与自道、两位先生对晚辈后生的指点，能成为一个指向标，引领我们初窥大时代之子/之女在暴风雨中诞生、在暴风雨中搏击、在暴风雨后云淡风轻的心灵风景,引领我们自此进入他们博大的思想与学术的世界,引领我们去叩访一个渐行渐远、却奠基、缔造了我们的当下、此时的历史时段。

目录

辑一

乐黛云篇

探索人的生命世界——漫谈米兰·昆德拉的小说 002

作为《红楼梦》叙述契机的石头 013

"情之所钟,正在我辈"——读《世说新语》随记之一 018

逍遥放达,"宁作我"——读《世说新语》随记之二 023

三真之境:真情·真思·真美——谈季羡林先生的散文 029

互动认知——文学与科学 039

人文素质是什么 054

如何对待自身的传统文化 057

文化自觉与中国梦 062

中国文化面向新世界 068

漫谈佛教在欧洲的影响 073

以东方智慧化解文化冲突 077

辑二

汤一介篇

论儒家哲学中的真善美问题　082

论儒学与中华民族的复兴　114

"孝"作为家庭伦理的意义　138

《世说新语》中的"七贤风度"　149

论老子的书和他的思想　175

"人间佛教"之意义　199

《般若波罗蜜多心经》讲义　211

附录一　261

附录二　263

辑一

乐黛云篇

探索人的生命世界
——漫谈米兰·昆德拉的小说

我最初接触米兰·昆德拉的作品是在1985年。那时他的书正在美国掀起一阵规模不小的热潮。《新闻周刊》载文说"昆德拉把哲理小说提高到了梦态抒情和感情浓烈的一个新水平",《华盛顿邮报》指出昆德拉是"欧美最杰出的和始终最为有趣的小说家之一",《华盛顿时报》则认为新出版的《生命中不能承受之轻》是二十世纪最伟大的小说之一,昆德拉借此"坚实地奠定了他作为世界上最伟大的在世作家的地位"。美国的高档报刊《纽约客》《纽约书评》等也都纷纷发表了类似的评论。[1]其实,西方世界对昆德拉的赞赏并不是那种常见

---

1 转引自韩少功:《生命中不能承受之轻》序。

的"阵热"。早在1968年,当昆德拉的第一部作品《玩笑》在巴黎出版时,著名作家、共产党人路易·阿拉贡就在他那篇引起世界性轰动的前言中宣称这本书是"本世纪最杰出的小说之一"。

昆德拉的小说以它深邃的哲理思考和非常新颖的结构方式,特别是那种寓沉痛和辛酸于幽默调侃的笔调深深地吸引了我。当时我不止一次在心里重复:"这些作品真该译成中文才好!"没有想到为时不过五年,昆德拉的主要作品《玩笑》《为了告别的聚会》《生活在别处》《生命中不能承受之轻》《笑忘录》、短篇集《欲望的金苹果》都相继在中国出版,可以说这位"世界上最伟大的在世作家"的小说珍品几乎已全部被译成中文,并在中国知识分子中获得了相当广大的读者。

昆德拉的小说之所以与众不同,和他对于小说这种文体的、与过去完全不同的理解密切相关。昆德拉认为:"小说唯一存在的理由就是去发现唯有小说才能发现的东西。"[1]这个"东西"就是人的"具体存在",亦即人的"生命世界"。昆德拉把现实和存在相对地分开来。他认为:"小说不研究现实,而是研究存在。""现

---

[1] 昆德拉:《贬值了的塞万提斯的遗产》。

实"和"存在"究竟有什么不同呢？现实是已经实现的可能性，是既成事实。它和人的关系是主体和客体的关系，犹如眼睛面对一幅画，或演员站在布景当中。而"存在"却是将成未成，是一种尚未实现而即将实现的可能性，它随着客观世界的发展和主体内在世界的千变万化而凝聚成万千不同的现实。生活中总是有众多可能性，现实本来可以如此，却常常由于极细小的主观或客观原因而完全变成另一个样子。"存在"不是已经发生的既成之物，而是人存在于其间的一种可能的场所。在这种场所中，人与世界的关系是一体共生的关系，世界是人存在的维度（昆德拉说，有如"蜗牛和它的外壳"[1]）。描写现实的小说呈现的是一种历史境状，它写的是特定时间里的某种社会状况，如关于法国大革命的小说，关于农业集体化的小说，昆德拉称之为"一种小说化的历史编纂的小说"；另一种小说也可能写历史，但那是"审视人类存在的历史维度"的小说。它所关注的首先不是历史，而是在某种可变的历史环境中的人的存在的可能性，是人的"具体存在"、人的"生命世界"，也就是那些对个人命运来说有决定意义，而对于

---

[1] 《昆德拉关于小说艺术的谈话》。

构成历史的现实来说却全然不值一顾的、不断在遗忘中湮灭的大量细节。

例如，1968年，苏军进入捷克后，对捷克人的统治是由官方组织的对狗的屠杀为先导的。这一细节对任何史学家、政治学家都毫无意义而全然被忘记。昆德拉在他的《为了告别的聚会》中却以这一插曲提示了全书的历史气候而被认为"具有很高的人类学意义"。[1]在昆德拉看来，小说的作用不在于呈现一个社会历史片段，而在于理解、分析、考察被投入这一历史旋涡中的人的动作、行为、态度的各种可能。例如卡夫卡作品中的小说世界就不是一个真实存在的客观世界，而是一种尚未真正实现的可能性。因此，昆德拉认为"小说家既不是历史学家，也不是政治家，而是'存在'的勘探者"，小说的目标就是详加考察人的具体的"存在"。昆德拉提出人的"存在"必须"勘探"，正是因为这种"存在"太被漠视，被遗忘得太久了，笛卡尔曾经宣称人是"大自然的主人和所有者"，然而，现代人却发现他们正是各种力量（技术、政治、历史）的奴隶和占有物。相对于这些力量，"人的具体存在，他的'生命世界'既没有价值，也

---

[1] 《昆德拉关于小说艺术的谈话》。

没有趣味，它黯然失色，从一开始就被遗忘！"[1]

只有小说以它自己的方式，通过它自己的逻辑，依次发现了"存在"的各种不同的维度。而小说的历史就是小说家不断开发人的"存在"的历史。诸如薄伽丘企图通过人的行动来认识人的存在，狄德罗发现人的行为及其结果受众多外在因素的制约，因而行动与自我之间往往有一道鸿沟（例如宿命论者雅克只想开始一场爱情艳遇，行动的结果却招致终身残疾）。理查德逊离开行动的可视世界，试图在不可见的内心生活中去勘探人的"存在"，普鲁斯特和乔伊斯沿着这条道路引入了时间的维度。既然每一时刻都是一个小小的世界，这个世界在后面的一刻立即被无可挽回地遗忘，我们又如何在这转瞬即逝的时刻中抓住"人的存在"呢？卡夫卡则从另一个角度提出了全然不同的问题：在一个外在的规定性已经变得过于沉重，从而使人的内在动力无济于事的世界里，人的可能性是什么呢？我们既然不能不被外界（环境、规律、条件等）所决定，被一些谁也无法逃脱的境况所决定，"人的存在"又有什么意义？如昆德拉所说："到了我们的世纪，周围的世界突然自己关闭了"，世界

---

[1] 昆德拉：《贬值了的塞万提斯的遗产》。

变成了无可逃遁的陷阱。或者如他在《玩笑》英文版序中所说："受到乌托邦声音的迷惑，他们拼命挤进天堂的大门。但当大门在身后砰地关上之时，他们却发现自己是在地狱里。"

人类逃不出时间和空间的限制，逃不出客观条件的限制，更逃不出主观知识发展阶段的限制。人类越想超越这些无法超越的局限，就越显得渺小和可笑。因此，昆德拉引用犹太谚语说："人们一思索，上帝就发笑！"那种自以为能超越一切局限、"从未听过上帝笑声，自认掌握绝对真理"的人是与小说无缘的。因为"小说的精神是复杂性的精神，每一部小说都对读者说'事情并不像你想象的那样简单'""小说又是个人发挥想象的乐园，那里没有人拥有真理，但人人有被理解的权利"[1]。昆德拉说："人类渴望一个善与恶能够被清楚地区分的世界，因为他有一个天生的不可遏制的欲望，就是在他理解之前做出判断。宗教和意识形态都建立在这种愿望上。他们只能这样来对付小说，那就是把小说的相对的和模糊的话语翻译成他们自己绝对肯定的、教条的话语。他们要求，总得有某人是正确的：或者安娜·卡列

---

[1] 昆德拉：《贬值了的塞万提斯的遗产》。

尼娜是一个头脑狭隘的暴君的牺牲者，或者卡列宁是一个不道德的女人的牺牲者。"[1]这就使得小说的智慧（不确定性的智慧）难以被接受和了解。

由于对于小说特点的这种不同凡响的新的认识，昆德拉在艺术表现方面也有了许多新的创造。他认为小说家最巧妙的艺术就是通过构思，把不同的情感空间并列在一起，然后通过每一情感空间进行对"存在"的追问。一个主题就是对存在的一种追问。强调主题的统一性和情节的一致性，使昆德拉的作品不像某些现代主义作品那样，专注于对瞬间的穷尽性探索和无休止的随意性意识流动；也不像某些后现代主义作品那样，热衷于无目的、无确定意义的摄影式反映。他"永远直接走向事情的中心，将一切可有可无的展现、描写、解释"从主体"剥离"，单刀直入，对特殊的词和主题词进行研究。昆德拉说："小说首先是建立在若干个基本的词之上，这就像勋伯格的'音符序列'。在《笑忘录》中，'序列'是这些：遗忘、笑、天使、曲言、边界，在小说进程中，这几个主要的词被分析、研究、定义、再定义，并因此而改变成存在的范畴。小说就建立在这几个词之

---

[1] 昆德拉：《贬值了的塞万提斯的遗产》。

上,犹如一座房屋被它的栋梁所支撑。"[1]不仅整个小说如此,就是人物本身也由若干关键词所组成,这些词成为人物的"存在编码"。例如在《生命中不能承受之轻》中,特丽莎的存在编码是肉体、灵魂、眩晕、软弱、田园诗、天堂;萨宾娜的存在编码是女人、忠诚、背叛、音乐、黑暗……在不同的感情空间,在另一个人的"存在编码"中,这些词都有不同的意义。这些"存在编码"不是被抽象地研究,而是在情节与境况中逐步被揭示出来。如果说现实主义作品要求人物应有完全的独立性,作者的观点应尽量隐没,让人物自己与读者对话,尽量促使读者把虚构的人物当作现实;昆德拉却力图让读者看到他的人物不是对一个活人的模拟,而是一种创造,是一个想象出来的人,是一个实验性的自我。作者正是要通过他,把自己对存在的疑问追究到底。因此昆德拉认为小说故事不能离开贯穿于其中的主题,但一个主题却可以在故事之外独自得到发展,昆德拉称这种现象为"离题",并指出"离题并不削弱小说结构的秩序而足使其更为强有力"。

为了达到从多方面勘探"存在"这一目的,昆德

---

[1] 《昆德拉关于结构艺术的谈话》。

拉提倡用音乐的"复调"方式来写小说。复调就是多条线索同时并进而又相互对照，相互呼应，形成音乐式的"对位"。例如布洛赫的小说《梦游人》将长篇小说、短篇小说、报道、诗、论文五条根本不同的线索结合在一起。昆德拉认为"把非小说性的类，合并在小说的复调法中，这是布洛赫的革命性创举"。但他也指出这五条线索还缺乏平衡和有机联系。昆德拉说："对于我，小说对位法的必要条件是：1.各'线'的平等；2.整体的不可分割。"[1]即各条线索必须均衡发展，并为同一主题所统率，正如"在同一主题的平台上，一架缝纫机与一把雨伞的相遇"。各条线索的文体风格也应是和谐一致的。小说哲理议论绝不同于一般哲学论文。昆德拉说，他的思考"从第一个字开始就采用游戏、讽刺、挑逗、实验或疑问的语气……它后面有许多思考、经验、研究乃至激情，但语气从不是严肃的：它是挑逗性的。在小说之外，不可设想这一论文"；这就是他称为"独具小说特点的论文"[2]。有时候，昆德拉的小说甚至不是建立在一个故事的提纲而是建立在一篇论文之上，例如《生命中不

---

[1] 《昆德拉关于结构艺术的谈话》。
[2] 同上。

能承受之轻》的第六章。它包容了斯大林儿子的历史、一个神学思考、亚洲的一个政治事件、弗朗兹在曼谷死去,以及托马斯在波希米亚下葬等多条线索,其间并无时间顺序,也无因果关联,而只是被"什么是'媚俗'"这一永恒的疑问(主题)紧紧联系在一起。

以上所有"剥离""存在编码"、哲学追问、复调、对位等都是为了使读者通过虚构的人物始终保持探究其"存在状况"的兴趣,而不至于认虚构为现实,失去观察和探究的距离,而这一切又都服务于一个总的策略和设计,那就是"把极为严肃的问题与极为轻浮的形式结合在一起"。因为,"一个轻浮的形式与一个严肃的内容的结合,把我们的悲剧(我们在床上发生的和我们在历史的大舞台上表演的)揭示在他们可怕的无意义中"[1]。这样,昆德拉就成功地完成了哲理与故事、梦与现实的结合,或者说创作了一支把哲学、叙事和梦合为一体的复杂交响乐。这支交响乐的主旋律不免过于悲观,但构成这一主旋律的许多"动机"和乐章却"绕梁三日",久久回旋往复,难以忘却。

其实,昆德拉在他的小说中对于"存在"的追问,

---

[1] 《昆德拉关于结构艺术的谈话》。

大部分是形而上的,这使他的作品带有某些"元小说"的意味。特别是关于人生的重和轻,关于肉体、灵魂、爱情、青春、软弱、眩晕等存在状况的探究都是远远超出一时一地,而不是某种特定的政治环境所能局限的。我想我们最好按照昆德拉的指引来读他的作品。他说:"唯有在这种超民族的语境中,一部作品的价值,也就是说,它做出的发现意义,才能被充分地看出和理解。"[1]他始终坚持"如果一个作家写的东西只能使本国人了解,那么,他不但对不起世界上所有的人,更对不起他的同胞,因为他的同胞读了他的作品只能变得目光短浅"[2]。让我们更好地理解昆德拉,更完美地享受和欣赏他的艺术吧!

---

1 昆德拉:《生活在别处》序。
2 同上。

作为《红楼梦》叙述契机的石头

石头是水的对立面,是坚贞不屈的象征,所谓"以水投石,莫之受也""以石投水,莫之逆也"。中国历史文献中关于石头的记载很多,《晋书·武帝本纪》载:"大柳谷口有玄石一所,白昼成文";《十国春秋·吴高祖世家·天祐八年》载:有巨石"长七八尺,围三丈余……七日内渐缩小……后只七寸"。《红楼梦》的想象显然都和这些记载有关。但石头的变异往往不是吉兆,它往往象征天下大乱,亲人离叛,特别象征"绝嗣"和后继无人。如《观象玩占》指出:"石忽自起立,庶士为天下雄";"石生如人形,奸臣持政,一曰君无嗣";"石化为人形,男,绝嗣"。另外,古人相信石的本体是土,云的根苗是石,如《物理论》认为:"土精为石。石,气之核也。气之生石,犹人筋络之生爪牙也。"《天中记》

则说："诗人多以云根为石，以云触石而生也。"《红楼梦》中贾宝玉与林黛玉的"木石前盟"，贾宝玉与薛宝钗的"金玉良缘"，贾宝玉与史湘云的"云石关系"等，都说明石头在《红楼梦》中有非常复杂的象征意义。

事实上，脂评本系统的十二种版本中就有八种被命名为《石头记》，这正说明石头在《红楼梦》中的重要地位。那么，《红楼梦》中的顽石故事与主体故事之间的关系，以及石头在叙述中所起的作用又是怎样的呢？

《红楼梦》中有一个描写现实世界的主体故事，还有一个从幻想世界引入现实世界的顽石故事。《红楼梦》从顽石故事开头：大荒山青埂峰下，有一块女娲炼就的巨石，无才补天，所以幻形入世。从脂评中可以看到原书的结局应是："青埂峰下重证前缘，警幻仙姑揭情榜。通部情案，皆必从石兄挂号，然各有各稿，穿插神妙。"可见《红楼梦》以石头开始，又是以石头的"返本还原，归山出世"而告终结。

那么，这个顽石故事和主体故事是怎样联系起来的呢？联系的方式有二：在脂评本中，石头变成了"通灵宝玉"，在神瑛侍者入世时，夹带于中，来到世上。甲戌本中，宝钗看宝玉的玉时，作者写道："这就是大荒山中青埂峰下的那块顽石的幻相。"顽石幻化为"通灵宝玉"，最后又幻化为顽石。在这种连接中，石头本身并不是主人公，不是"剧中人"，而是**主体故事**中所描写的悲剧和喜剧的旁观者和见证。在程刻本中，情形就不同了：顽石到赤瑕宫游玩，变成了神瑛侍者，又入世变为贾宝玉，**蠢物**变灵物，灵物又变人。顽石不是旁观者而是当事人。顽石的经历就是贾宝玉的经历。看来第一种连接方式更接近作者原意。第一，顽石故事贯穿全局，并不只存在于开头和结尾。第二，正如脂评所说："通部情案，皆必从石兄挂号。"有些与贾宝玉自身无关的情节如二尤故事、鸳鸯抗婚等，作者总尽量让佩戴着"顽石幻相"的贾宝玉在场。第三，从脂评判断，原书后半部多写南方甄府之事。（甲戌本第二回脂评："甄家之宝玉，乃上半部不写者，故此处极力表明，以遥照贾家之宝玉。"又庚辰本第七十一回脂评："好！一提甄事，盖真事欲显，假事将尽。"）而这块通灵宝玉先是被窃（甲戌本第八回脂评："'塞玉'一段，又为'误窃'一回伏线。"），后来被凤姐拾得（庚辰本第二十三回脂评："妙！这便是凤姐扫雪拾玉之处。"），最后又由甄宝玉送回。（庚辰本第十七回脂评："《邯郸梦》中伏甄宝玉送玉。"）正是这块通灵宝玉目睹了南北两地甄、贾二府的生活，成为"真事欲显，假事将尽"的情节转折的关键。

顽石故事与主体故事、现实世界与幻想世界的交错联结使《红楼梦》的叙述方式显得十分复杂。这里有一个持全知观点的叙述者，他全知前因后果、过去未来，通晓青埂峰、赤瑕宫、太虚幻境的神话世界，也了解甄府、贾府的来龙去脉。除他之外，还有一个更直接的叙述者，那就是"蠢物顽石"。他有时用作者所持的观点，直接出面，用第一人称来叙述，例如庚辰本第十七至十八回："说不尽这太平气象，富贵风流，此时自己回想当初在大荒山中，青埂峰下，那等凄凉寂寞，若不亏癞僧、跛道二人携来到此，又安能得见这般世面？本欲作一篇《灯月赋》《省亲颂》，以志今日之事……"（脂评："自'此时'以下，皆石头之语，真是千奇百怪之文。"）"蠢物顽石"有时又用作者观察的观点，来记载自己的所见所闻。如甲戌本第六回："诸公若嫌琐碎粗鄙呢，则快掷下此书，另觅好书去醒目；若谓聊可破闷时，待蠢物（脂评："妙谦，是石头口角"）逐细言来。"这个叙述者（石头）既不是故事主人公，如许多用第一人称叙述的小说；又不完全在故事之外，如许多用第三人称写的小说，它紧紧依附于主人公（贾宝玉和甄宝玉），是他们的象征和化身，用他们的思想观点来观察一切，并使他们和他们自己并不了解的前生与来世联结起来。这种很特殊的叙述的复杂性使《红楼梦》的结构有如一个多面体，由于不同层面的光线的折射，人们对作品的主题也就有了不同的理解。多年来，关于《红楼梦》的主题，有人说是写清朝政治，有人说是写色空观念，有人说是写作者自传、爱情悲剧、"四大家族"、阶级斗争……这些说法见仁见智，都有一定道理，但都不全面。如果从顽石故事与主题故事的联结来考察，就可以看到顽石不甘于荒山寂寞，羡慕丰富多彩的人间，于是幻形入世，享尽尘世的富贵荣华，也历尽了凡人的离合悲欢，终于感到大荒山青埂峰下，虽然凄凉寂寞，但却自由自在，无牵无挂，并无烦恼；人世间虽有许多赏心乐事，但瞬息万变，苦随乐生。顽石枉入红尘，不如还是归去。顽石的入世和出世正表现了作者对人生的一种看法和感受，而主体故事所展现的种种悲剧则反映了整个社会对渴望自由和幸福的无辜人们的残酷压迫及其本身无可挽回的衰亡与没落。从这个主题出发，反观《红楼梦》的结构，就可以发现正是石头联结着出世的幻象世界和入世的现实世界，而成为整个情节发展的契机。曹雪芹一生对石头情有独钟，他的《题自画石》一诗，隐约透露了他以石头为契机，构思《红楼梦》的消息。这首诗是这样写的：

　　爱此一拳石，玲珑出自然。
　　溯源应太古，堕世又何年？
　　有志归完璞，无才去补天。
　　不求邀众赏，潇洒做顽仙。

（摘自富竹泉《考槃室札记》手稿）

"情之所钟,正在我辈"
——读《世说新语》随记之一

《世说新语》是第一部反映中国知识分子(包括文人学士、骚人墨客之类,并非西方严格意义上的知识分子)生活的散文、杂感、小说、笔记的结集,大约成书于公元424年至450年间,南宋刘义庆撰。据《宋书》卷五十一所载,刘义庆(403—444),"少善骑乘,及长以世路艰难,不复跨马。招聚文学之士,远近必至",遂成此书。纵观全书,各段故事之间并无联系,观点也不完全一致,有时也有重复抵触之处。鲁迅早就推断这本书"或成于众手",是很有道理的。

鲁迅在《中国小说的历史的变迁》中,将魏晋时期的短篇小说分为"志人"和"志怪"两种。志人小说是指"记人间事者"。这种"记人间事"的短文,春秋时代就有,但多被用来"喻道"或"论政"。《世说新语》

式的、为"赏心而作"的、"远实用而近娱乐"的"志人小说"则"实萌芽于魏而盛大于晋",鲁迅认为这类小说"虽不免追随俗尚,或供揣摩,然要为远实用而近娱乐矣"。正因为《世说新语》这种"远实用而近娱乐"的特点,故能以极其细腻生动的细节,毫无顾忌地展现出汉末到晋宋间,社会的大变动所带来的思想上的大解放,以及知识分子所追求的理想境界、所欣赏的生活方式、所执着的人生态度、所赞美的言谈举止,等等。这一切都和两汉大异其趣,而呈现出崭新的时代风貌,尤其是魏晋文人的特殊风貌。

宗白华先生曾指出,魏晋时代是一个"社会秩序大解体,旧礼教总崩溃的时代"。它的特点是"思想和信仰的自由和艺术创造精神的勃发",这是一个"强烈、矛盾、热情、浓于生命色彩的时代"。这个时代前无古人,后无来者。它之前的汉代,"在艺术上过于质朴,在思想上定于一尊,统治于儒教";它之后的唐代,"在艺术上过于成熟,在思想上又入于儒、佛、道三教的支配"。宗白华先生认为,"只有这几百年间是精神上的大解放,人格上、思想上的大自由"的伟大的时代。[1]

---

[1] 《宗白华全集》,第二卷。

这"大自由"首先表现为突破层层礼仪名教的束缚，珍视真情，一任真情的流露和奔放。庄子认为能够"达于情而遂于命"的人，就是圣人，而最"可羞"之事乃是"以利惑其真而强反其情性"。[1]也就是因为利益而以假乱真，强制自然之情性服从于某种利害的打算。

儒家的看法与此不同。儒家提倡的"情"，首先表现为父母儿女之间天生的亲情。有了这种爱自己亲人的感情，才会"推己及人"，做到"老吾老以及人之老，幼吾幼以及人之幼"，而建构成社会。因此，"情"是社会人生的出发点。但既是"推己及人"，"己"和"人"就必然有所不同，也就是"爱有差等"。"有差等"，就必然要对这种"差等"有所规范，使人各安其位，以维持社会的稳定。这种规范就是"礼"。因为"礼"是从"亲亲"开始的，因此儒家强调，"礼"不是凭空制定而是从"情"而生。太史公也说，"观三代损益，乃知缘人情而制礼"，[2]然而，"礼"一旦形成并得到巩固，就反过来对"情"加以严格限制。这种现象在文学中表现得尤为突

---

[1] 《庄子·盗跖第二十九》。
[2] 《史记·卷二十三·礼书第一》。

出。中国文学的经典《毛诗序》指出诗的本质是"情"，"情动于中而形于言，言之不足，故嗟叹之，嗟叹之不足，故咏歌之……"但紧接着就说任何"情"都必须"止乎礼义"。"发乎情，民之性也；止乎礼义，先王之泽也。"这一原则成了中国文学写"情"时不可逾越的界限。这种社会对"情"的压制在中国小说中无所不在。

《世说新语》所反映的魏晋时期的文人生活确实是"真情"对"礼"和所谓"名教"的极大冲击和解放。这种"真情"首先表现于对自己的真情实感不加伪饰。在《伤逝》一篇中，这类的故事很多，例如："王仲宣好驴鸣。既葬，文帝临其丧，顾语同游曰：'王好驴鸣，可各作一声以送之。'赴客皆一作驴鸣。"在庄严悲痛的葬礼上，竟由文帝带头，一人吼一声驴叫！这真是唯"真情"，而对礼教不屑一顾了！阮籍的母亲去世，他完全不顾世俗礼仪，"蒸一肥豚，饮酒二斗"，然后临穴永诀，举声一号，"因吐血，废顿良久"。喝酒吃肉只是表面形式，与阮籍椎心泣血的悲恸毫不相干！他根本认为礼法之类就不是为他那样的人而设。有一次他和即将回娘家的嫂嫂告别，有人以"嫂叔不通问"的礼法来讥诮他，他干脆公开宣称："礼岂为我辈设也？"作为这类故事，没有比刘伶的"纵酒放达"更夸张的了！刘伶"脱衣裸形在屋中"，人们讥笑他，他却说，我以天地为房屋，住室为衣裤，你为何进入我的裤裆里来了？

藐视礼法陈规，按自己内心的意愿和感受行事，这就是魏晋时期《世说新语》人物所追求的"真情"，也是他们行为的最高准则。王戎说："圣人忘情，最下不及情。情之所钟，正在我辈。"意思是说，圣人太高超了，他们已超越常人之"情"，而最下层的人又太迟钝麻木，难以到达"情"的境界，只有《世说新语》中的文人才是"情"的集中表现。关于圣人有情还是无情，曾是魏晋玄学辩论中的一大主题。对《世说新语》中的人来说，"情"占有了他们思想和生活中很重要的地位。

《世说新语》还强调了另一种与大自然相触而产生的情——悲情。因自然之永恒和人生的短暂所引发的无奈和悲伤感怀是古今中外文学、哲学的一个普遍主题。《世说新语》写："桓公北征，经金城，见前为琅邪时种柳，皆已十围。慨然曰：'木犹如此，人何以堪！'攀枝执条，泫然流泪。"桓温是个武人，曾封征西大将军，他的感慨是出自内心的"真情"，这就是"对宇宙人生体会到的至深的无名的哀感"。后来庾子山写《枯树赋》对此很有共鸣，赋的末段正是："昔年种柳，依依汉南，今看摇落，凄怆江潭，树犹如此，人何以堪？"这种从宇宙人生引申而来的悲情大大增强了《世说新语》故事的哲学意味。

逍遥放达，"宁作我"
——读《世说新语》随记之二

淡薄于世事，崇尚自然，追求逍遥放达，是《世说新语》故事的另一个重要主题。这也是魏晋玄风的一个重要特色。魏晋"玄远之学"有两个含义：一为远离具体事物，讲本体之学；二为远离世俗事务，讲清谈虚性。魏晋文人渴望远离世务，讲求本体，这一方面是他们渴望认识世界的心灵的追求；另一方面，也是当时险恶的社会环境所决定的。正如《晋书·阮籍传》所说："魏晋之际，天下多故，名士少有全者。"刘义庆编撰《世说新语》也正是因为"世路艰难"而另求寄托。《世说新语》中人物很少有不死于非命而得终天年的。许多有识之士，甚至嵇康、孔融那样的杰出人物也都难逃成为政治牺牲品的命运。因此，他们提出"宁作我"，就是在一切情况下都宁可作为自己，而不阿世媚俗。

这种对于逍遥放达的向往首先是出于对"自我"的肯定。先秦两汉以来，儒家一直强调人只能镶嵌在与他人的关系中才能生存。作为儒家理论核心的"三纲五常"严格地规定了人与人之间应该遵循的关系。"越礼"的行为受到社会礼教的极大压制和迫害，这种压制和迫害不仅是外在的，而且渗透到人的内心深处，成为难以摆脱的对人性的桎梏。《世说新语》中的魏晋文人特别追求摆脱这种桎梏，求得自我的精神自由。他们强调成为"自己"，追求拥有区别于常人和常理的独特个性。他们的处世原则是"宁作我"。《世说新语》曾记载了一个故事：桓温和殷浩年轻时曾齐名，常有竞争之心。有一次，桓温问殷浩："你比我怎样？"殷浩说："我与我周旋久，宁作我。"意思是说，"我从来就是我自己，我宁愿做我自己"。"宁作我"，就是要突出自己与众人不同的个性。当时"清谈"的重要内容之一就是品藻人物个性，加以臧否评述。这些品评有时虽也分高下，但大多是突出个性特点，正如刘瑾所说："楂、梨、橘、柚，各有其美。"

魏晋时人虽个性不同，但却有一个最大的共同点，就是追求自由的精神世界。追求精神自由，首先就要突破名利的桎梏。《世说新语》中一则著名的故事是说在大司马齐王处做官的张翰在洛阳忽见秋风起，一心想吃吴中的"菰菜羹""鲈鱼脍"，于是说："人生贵得适意尔，何能羁宦数千里以要名爵！""遂命驾便归。"为了求得适意，为了好吃的菰菜、鲈鱼，张翰真是视官爵名利如敝屣！再如郗太傅要找个女婿，遂遣门生送信到丞相王导家去求亲，王导让来人自己去东厢房随便挑选。门生回来报告郗太傅说："王家诸郎，亦皆可嘉，闻来觅婿，咸自矜持。唯有一郎，在东床上坦腹卧，如不闻。""郗公云：'正此好！'访之，乃是逸少，因嫁女与焉。"这个坦腹东床的人，正是王羲之（字逸少）。他对到豪门贵族当女婿的事毫不动心，依然坦腹高卧，如此不计名利，也不装腔作势，反而为郗太傅所看重，并以此招为女婿。

要得到精神自由，除挣脱名缰利锁之外，还要能对于外界之事毫不在意，做到"荣辱不惊"。《世说新语》记载过这样一个故事，说有一次，和尚支道林要回会稽，朋友们长亭相送。这时，长史蔡子叔先来，座位靠近支道林；谢安的弟弟谢万后来，离得远一些。正好蔡子叔临时有事起身外出，谢万就移坐到他的座位。蔡子叔回来见谢万占了自己的座位，就连坐垫带谢万一起掀翻在地，重新坐回原来的位子。谢万的帽子、头巾都摔掉了，按说，这个豪门贵族大失面子，应该怒发冲冠的吧，但他却"徐起振衣就席，神意甚平"，并无发怒懊丧的意思。坐定之后，还对蔡子叔说："你真是个怪人，差点摔坏了我的脸！"蔡子叔竟说："我本来就没有考虑过你的脸！"在这样的情况下，本来就"才气高俊，早知名"的谢万本可以大打出手，然而，出乎意料，竟然"其后，二人俱不介意"。这才真正体现了"荣辱不惊"的胸襟！能做到"荣辱不惊"首先因为他们内心有非常强固的自信，绝不是强作镇静。他们不计较荣辱，但也不故作谦虚。有一次，桓温来到都城，问刘惔："听说会稽王司马昱在清谈方面有极大的进步，是真的吗？"刘惔说："是有很大进步，但仍然属于二流人物！"桓温又问："那第一流的人物又是谁呢？"刘惔说："当然是我这样的人啦！"他们直言自我，从不隐瞒自己对自己的真实评价，也从不掩饰自己对某些人的厌恶。例如，有一次孔愉和孔群同行，在御道上碰到了品格不高的匡术，孔群连看都不屑一看，就说："鹰化为鸠，众鸟犹恶其眼！"匡术大怒，拔刀就要杀他。幸而孔愉一把抱住匡术说："族弟发狂，卿为我宥之！"这样，人与人之间的关系比较坦率真诚，去掉了许多虚伪的客套和伪饰。

魏晋名士不仅不受名利荣辱的拘牵，而且也"不为物累"，不受物欲的局限，也不受世俗礼法的约束。《世说新语》中，有关王子猷（王徽之）的几个故事很有代表性。他们不为什么固定的目标而卖命，往往把生活看成一个过程，适意而已。这方面最著名的一个故事就是王子猷夜访戴安道："王子猷居山阴，夜大雪，眠觉，开室命酌酒，四望皎然。因起彷徨。咏左思《招隐诗》，忽忆戴安道。时戴在剡，即便夜乘小船就之。经宿方至，造门不前而返。人问其故，王曰：'吾本乘兴而行，兴尽而返，何必见戴！'"王子猷看重的是一路访友的心情和过程，至于是否达到见面的目的，其实并不重要。王子猷还有一个故事，是说他有一次来到都城，停留在岸边。过去他曾听说桓伊善吹笛，但和他并不相识。那时正值桓伊从岸上过，有人告诉王子猷，这便是桓伊。"王便令人与相闻，云：'闻君善吹笛，试为我一奏。'"当时，桓伊已很显贵，也知道王子猷的名声，便回车下来，坐在胡床上，为王子猷吹了三支乐曲。吹完，便上车走了，彼此没有说一句话，只有心灵的交往！有一次，王子猷去拜访曾任雍州刺史的郗恢，郗恢从边境带回一张名贵的毛毯，王子猷拜访时，郗恢正在内室，王子猷喊着郗恢的小名说："阿乞那得此物？"就叫人把毛毯扛回家了。郗恢也无所谓，并不以为忤。还有个故事，"王丞相作女伎，施设床席。蔡公先在座，不说而去，王亦不留"。总之，取舍随意，来去自由，无视世俗礼法！不为名利，不惊荣辱，不为物累，也就是将生命看成一个自然过程，不为任何既成的内在或外在目标所束缚。

要真正做到不受任何束缚，关键就在于内心的无所求。佛家所谓"人生八苦":生、老、病、死、爱别离、怨憎会、求不得、五阴盛,都是人生苦恼的根源,而"求不得"是其中最持久、最深刻的痛苦。因此,魏晋文人把"超旷世事"的根本定为"忘求"。正是王羲之所说,"争先非吾事,静照在忘求"。这就是宗白华先生所讲的"截然地寄兴趣于生活过程的本身价值而不拘泥于目的,显示了晋人唯美生活的典型"。[1]魏晋人认为只有这样,才称得上获得了真正的精神自由!以上的种种事例都是内心真正一无所求才能做到的。

---

1 《宗白华全集》,第二卷。

三真之境：真情·真思·真美
——读季羡林先生的散文

初读先生的散文是在 1956 年。那时，我正在先师王瑶教授的指导下为北京大学中文系四年级学生开设每周四学时、为期一年的中国现代文学史。那是特别强调"文学史一条龙"的年代，而今而后，现代文学史都不会再有如此重头的分量了。我当时还真有一点"初生牛犊不怕虎"的味道，夜以继日，遍查各种旧期刊，当然是为了上课，但潜意识里也难免还有那么一点好胜之心，想在王瑶老师那本已是包罗万象的《中国新文学史稿》之外，再发掘出一批文学珍宝。我以为先生早期的散文就是我重新发现的一颗璀璨的明珠，原计划课程结束后即写成文章；没想到课程结束，我的政治生命也就结束了。

奇怪的是在那些严酷的"监督劳动"的日子里，我所喜爱的文学作品并没有离我而去，倒是常常在我心中萦绕。其中就有先生在短文《寂寞》中所写的那个比喻："天空里破絮似的云片，看来像一帖帖的膏药，糊在我这寂寞的心上。"那时，我一个人天天在山野牧猪，我真觉得那些灰暗的云片就要将我这颗无依无靠的寂寞的心完全糊满封死，真可以"不识不知，顺帝之则"了！我又常想起先生描摹的那棵美丽的树：春天，它曾嵌着一颗颗火星似的红花，辉耀着，像火焰；夏天，它曾织着一丛茂密的绿，在雨里凝成浓翠，在毒阳下闪着金光；然而，在这严酷的冬天，它却只剩下刺向灰暗天空的、丫杈着的、光秃秃的枯枝了。我问自己：我的生命才刚刚开始，难道就成了那枯枝吗？幸而先生最后说：这枯枝并不曾死去，它把小小的温热的生命力蕴蓄在自己的中心，外面披上刚劲的皮，忍受着北风的狂吹，忍受着白雪的凝固，忍受着寂寞的来袭，切盼着春的来临。这些话给过我那么多亲切的希望和安慰，时隔四十余年，我至今仍难忘怀。

什么是文学？我想这就是文学。1934年先生身在异国他乡抒写自己远离故土、深感寂寞的情思。先生写这篇文章时，我才三岁。谁能料到就是这篇字数不多，"非常个人"的短文能够在二十多年后，在完全不同的政治环境下，引起一个像我这样的人的共鸣，并使我从它这里得到这么多的安慰和启迪呢？时日飞逝，多少文字"灰飞烟灭"，早已沉没于时间之海，唯有那出自内心的真情之作才能永世长存，并永远激动人心。真情从来是文学的灵魂，在中国尤其如此。出土不久并被考古学家认定为制作于公元前300年左右的郭店竹简已经指出："凡声，其出于情也信，然后其入拨人之心也厚。"（《性自命出》）不正是说明这个道理吗？

中华民族是一个十分重情的民族，抒情诗从来是我国文学的主流。虽然历代都不乏道学先生对此说三道四，如说什么"有情，恶也""以性禁情"之类，但却始终不能改变我国文学传统之以情为核心。从郭店竹简中可知，原来孔孟圣人的时代，就有人强调："道始于情，情生于性。"又说："凡人情为可悦也。苟以其情，虽过不恶；不以其情，虽难不贵。"可见情的传统在我国是如何之根深叶茂！窃以为先生散文之永恒价值就在于继承了中国传统的这一个"情"字。试读先生散文四卷，虽然有深有浅，但无一篇不是出自真情。

但是，只有真情还不一定能将这真情传递于人，古人说"情动于中而形于言"，这"形于言"才是真情是否能传递于人的关键。而"情景相触"构成意境，又是成功地"形于言"的关键之关键。在先生二十世纪九十年代的作品中，《二月兰》是我最喜欢的一篇。"二月兰是一种常见的野花。花朵不大,紫白相间。花形和颜色都没有什么特异之处"。然而,每到春天,"在校园里,眼光所到之处,无不有二月兰在"。这时,"只要有空隙的地方,都是一团紫气,间以白雾,小花开得淋漓尽致,气势非凡,紫气直冲云霄,连宇宙都仿佛变成紫色的了"。如果就这样写二月兰,美则美矣,但无非也只是一幅美"景",先生的散文远不止于此。先生随即把我们带到"当年老祖(先生的婶母,多年和先生同住)还活着的时候":每到二月兰花开,她往往拿一把小铲,到成片的二月兰旁青草丛里去挖荠菜,"只要看到她的身影在二月兰的紫雾里晃动,我就知道在午餐或晚餐的餐桌上必然弥漫着荠菜馄饨的清香"。先生唯一的爱女婉如活着时,每次回家,只要二月兰正在开花,她也总是"穿过左手是二月兰的紫雾,右手是湖畔垂柳的绿烟,匆匆忙忙走去,把我的目光一直带到湖对岸的拐弯处"。而"我的小猫虎子和咪咪还在世的时候,我也往往在二月兰丛里看到她们:一黑一白,在紫色中格外显眼"。1993年这一年,先生失去了两位最挚爱、最亲近的家人,连那两只受尽宠爱的小猫也遵循自然规律离开了人世。"老祖和婉如的走,把我的心都带走了。虎子和咪咪我也忆念难忘。如今,天地虽宽,阳光虽照样普照,我却感到无边的寂寥和凄凉。回忆这些往事,如云如烟,原来是近在眼前，如今却如蓬莱灵山，可望而不可即了。"

唐朝著名诗人刘禹锡说"境生于象外"，如果用于这篇文章，那么，"象"是那有形的、具体的二月兰之"景"，而"境"是在同一景色下，由许多物象、环境、条件、气氛、情感酝酿叠加而成的艺术创造；也就是在一片紫色的烟雾里，有老祖，有婉如，有虎子和咪咪，寄托着老人深邃情思的描写。这当然远远超出"象"外，不是任何具体的、同样呈现于各人眼前的自然之"景"（象）所能代替的。这"境"大概也就是刘勰在《文心雕龙》中所说的"情以物兴""物以情观"的结果吧。

有了这样浸润着情感的、由作者所创造的"境"，已经可以说是一篇好文章或好诗了，但先生的散文往往还不止于此。正如现象学美学家杜夫海纳所说，审美客体是有深度的，这种深度的呈现是对一个新世界的开启。这个新世界的开启有赖于打开主体人格的一个新的侧面，如果只停留于日常表面的习惯性联系之中，这个新的世界就不会出现；只有主体达到审美情感的深度，审美对象的深度才会敞亮出来。《二月兰》正是在我们面前展现了一个我们过去见到二月兰时从未向我们呈现的新的世界！

下面是先生写的二月兰怒放的一段描述："二月兰

一'怒',仿佛从土地深处吸来一股原始力量,一定要把花开遍大千世界,紫气直冲云霄,连宇宙都仿佛变成紫色的了。"每当读到这里,我就不禁想起鲁迅写的"猛士出于人间""天地为之变色",想起在各种逆境中巍然屹立的伟大人格,也仿佛看到了先生的身影。西方文论常谈"移情作用",意谓作者常使周围环境点染上自己的悲欢。《二月兰》恰好反用其意:当我"感到无边的寂寥和凄凉","我的二月兰"却"一点也无动于衷,照样自己开花……一团紫气,间以白雾,小花开得淋漓尽致,气势非凡,紫气直冲霄汉"!在"文化大革命"那些"一腔义愤,满腹委屈,毫无人生之趣"的日子,"二月兰依然开放,怡然自得,笑对春风";十年浩劫结束,人世有了天翻地覆的变化,二月兰也还是"沉默不语,兀自万朵怒放……紫气直冲霄汉"!是的,和永恒无穷的大自然相比,人生是多么短暂,世间那小小的悲欢又是多么地不值一提!二月兰,"应该开时,它们就开;该消失时,它们就消失。它们是'纵浪大化中',一切顺其自然,自己无所谓什么悲与喜。我的二月兰就是这个样子"。从二月兰,我又一次看到先生人格的另一个侧面。

然而,人毕竟不能无情,不能没有自己的悲欢。特别是对那些"世态炎凉"中的"不炎凉者",那些曾经用"一点暖气"支撑着我们,使我们不至于"坠入深渊"

的人，我们总是不能不怀着深深的眷恋。当他们与世长辞，离我们而去，与他们相处的最平凡的日子就会成为我们内心深处最珍贵的记忆。"午静携侣寻野菜，黄昏抱猫向夕阳，当时只道是寻常"，这些确实寻常的场景，当它随风而逝，永不再来时，在回忆中，是何等使人心碎啊！当我们即将走完自己的一生，回首往事，浮现于我们眼前的，往往并不是那些所谓最辉煌的时刻，而是那些最平凡而又最亲切的瞬间！先生以他心内深邃的哲理，为我们开启了作为审美客体的二月兰所能蕴含的、从来不为人知的崭新的世界。

如果说展现真情、真思于情景相触之中，创造出令人难忘、发人深思的艺术境界是先生散文的主要内在特色，那么，这些内在特色又如何通过文学唯一的手段——语言，得到完美的表现？也就是说这些内在特色如何借语言而凝结为先生散文特有的文采和风格呢？窃以为最突出之点就是先生自己所说的"形式似散，经营惨淡"，所谓"散"，就是漫谈身边琐事，泛论人情世局，随手拈来，什么都可以写；所谓"似散"，就是并非"真散"，而是"写重大事件而不觉其重，状身边琐事而不觉其轻"。写重大事件而觉其重，那就没有了"散"；状身边琐事而觉其轻，那就不是"似散"而是"真散"了。唯其是"散"，所以能娓娓动听，逸趣横生；唯其不是"真散"，所以能读罢掩卷，因小见大，余味无穷。

要做到这样的"形散而实不散"实在并非易事，那是惨淡经营的结果。这种经营首先表现在结构上，先生的每一篇散文，几乎都有自己独具匠心的结构。特别是一些回环往复、令人难忘的晶莹玲珑的短小篇章，其结构总是让人想起一支奏鸣曲、一阕咏叹调，那主旋律几经扩展和润饰，反复出现，余音袅袅。先生最美的写景文章之一《富春江上》就是如此。那"江水平阔，浩渺如海；隔岸青螺数点，微痕一抹，出没于烟雨迷蒙中"就像一段如歌的旋律，始终在我们心中缭绕。无论是从吴越鏖战引发的有关人世变幻的慨叹，还是回想诗僧苏曼殊"春雨楼头尺八箫，何时归看浙江潮"的吟咏；无论是与黄山的比美，还是回忆过去在瑞士群山中"山川信美非吾土"的落寞之感的描述，都一一回到这富春江上"青螺数点，微痕一抹，出没于烟雨迷蒙中"的主旋律。直到最后告别这奇山异水时，还是"唯见青螺数点，微痕一抹，出没于烟雨迷蒙中"，兀自留下这已呈现了千百年的美景面对宇宙的永恒。这篇散文以"到江吴地尽，隔岸越山多"的诗句开头，引入平阔的江面和隔岸的青山。这开头确是十分切题而又富于启发性，有广阔的发展余地，一直联系到后来的吴越鏖战、苏曼殊的浙江潮、江畔的鹳山、严子陵的钓台。几乎文章的每一部分都与这江水、这隔岸的远山相照应,始终是"复杂中见统一,跌宕中见均衡"。

除了结构的讲究,先生散文的语言特色是十分重视在淳朴恬淡、天然本色中追求繁富绚丽的美。在先生笔下,燕园的美实在令人心醉。"凌晨,在熹微的晨光中……初升的太阳在长满黄叶的银杏树顶上抹上了一缕淡红"(《春归燕园》),暮春三月,办公楼两旁的翠柏"浑身碧绿,扑人眉宇,仿佛是从地心深处涌出来的两股青色的力量,喷薄腾越,顶端直刺蔚蓝色的晴空"。两棵西府海棠"枝干繁茂,绿叶葳蕤","正开着满树繁花,已经绽开的花朵呈粉红色,没有绽开的骨朵呈鲜红色,粉红与鲜红,纷纭交划,宛如天半的粉红色彩云"(《怀念西府海棠》)。还有那曾经笑傲未名湖幽径的古藤萝,从下面无端被人砍断,"藤萝初绽出来的一些淡紫的成串的花朵,还在绿叶丛中微笑……不久就会微笑不下去,连痛哭也没有地方了"(《幽径悲剧》)。这些描写绝无辞藻堆砌,用词自然天成,却呈现出如此丰富的色彩之美!

先生写散文,苦心经营的还有另一个方面,那就是文章的音乐性。先生遣词造句,十分注重节奏和韵律,句式参差错落,纷繁中有统一,总是波涛起伏,曲折幽隐。在《八十述怀》中,先生回顾了自己的一生:"我走过阳关大道，也走过独木小桥。路旁有深山大泽，也有平坡宜人；有杏花春雨，也有塞北秋风；有山重水复，也有柳暗花明；有迷途知返，也有绝处逢生。路太长了，时间太长了，影子太多了，回忆太重了。"这些十分流畅、一气呵成的四字句非常讲究对仗的工整和音调的平仄合辙，因此读起来铿锵有力，既顺口又悦耳，使人不能不想起那些从小背诵的古代散文名篇。紧接着，先生又用了最后四句非常"现代白话"的句式，四句排比并列，强调了节奏和复沓，与前面的典雅整齐恰好构成鲜明的对比。这些都是作者惨淡经营的苦心，不仔细阅读是不易体会到的。

每次读先生的散文都有新的体味。我想那原因就是文中的真情、真思、真美。

互动认知
——文学与科学

一、两种认知方式

二十世纪后半叶，人类正经历着认识论和方法论的重大转型。过去的逻辑学认知方式，是一种内容分析，通过"浓缩"，将具体内容抽空，概括为最简约的共同形式，最后归结为形而上的逻各斯或黑格尔的绝对精神。从这种范式出发，每一个概念都可以被简约为一个没有身体、没有实质、没有时间的纯粹的理想形式，一切叙述都可以简化为一个封闭的空间，在这个固定的空间里，一切过程都体现着一种根本的结构形式，所有内容都可以最后概括为这一形式；这一形式也可以适用于许多不同的内容。例如许多文学作品的叙述都可归纳为从原有的"缺失"过渡到"缺失得以补救"或"缺失注定无法补救"，最后或成功或失败这样一个结构。如《红楼梦》所写的大荒山青埂峰下的一块顽石，不满足于未能"补天"的"缺失"，经历了一番"花花世界"，最后落得个大地白茫茫一片真干净；《西游记》所写的孙悟空不满足于花果山猴王生活的"缺失"，大闹天宫，经历了八十一难，终成正果。许多这样的叙述结构结合成一个有着同样结构的"大叙述"或"大文本"，体现着可以概括许多现象、许多偶然性的一定的规律、本质和必然性。

近世以来，除逻辑学认知方式外，另一种认知方式也很盛行。这种认知方式研究的对象不是形式，而首先是具体事物，比方说一个活生生地存在、行动、感受着痛苦和愉悦的身体，它周围的一切都不是固定的，而是随着这个身体的心情和视角的变化而变化。因此，这种认知方式研究的空间是一个不断因主体的激情、欲望、意志的变动而变动的开放的拓扑学空间。从这种认知方式出发，人们习惯的深度模式被解构了：中心不再成其为中心，任何实体和虚体都可能成为一个中心；原先处于边缘的、零碎的、隐在的、被中心所掩盖的一切释放出新的能量；现象后面不一定有一个固定的本质；偶然性后面不一定有一个必然性；"能指"后面也不一定有一个固定的"所指"（所谓"能指漂浮"）。例如历史被解构为事件的历史和叙述的历史两个层面，事件被"目睹"

的范围毕竟很小，我们多半只能通过叙述来了解历史，而叙述的选择、详略、角度、视野都不能不受主体的制约，所以说一切历史都是当代史，也就是当代人（包括过去那一时代的"当代人"）所诠释的历史。

原来相对固定的"大叙述"框架消解后，各个个体都力求发挥自身的特点和创造力，强调差别的要求大大超过了寻找共同点的兴趣。意大利著名思想家和作家翁贝托·艾柯在1999年纪念博洛尼亚大学成立900周年大会的主题讲演中提出，欧洲大陆第三个千年的目标就是"差别共存与相互尊重"。他认为人们发现的差别越多，能够承认和尊重的差别越多，就越能更好地相聚在一种互相理解的氛围之中。[1]其实，只是承认"差别"还远远不够，我们所要的不是各自孤立的、不同的个体，而是通过相互理解和尊重联结起来的，同时又保存着原有差异的不同个体所组成的群体，这就是中国传统所强调的"和"。孔夫子早就提出："君子和而不同，小人同而不和。"重复相同的东西永远不可能产生新物，唯有不同事物之间相互作用，也就是互动，才有可能有新的发展，所以《国语·郑语》明确提出："和实生

---

[1] 翁贝托·艾柯：《寻求沟通的语言》，《跨文化对话》。

物,同则不继。"

于是,与过去主体观察一切、决定一切的原则相对,突出了"他者原则";与过去强调确定性、"普适原则"相对,突出了不确定的"互动原则"。总之强调对主体和客体的深入认识必须依靠从"他者"视角的观察和反思。宋代著名诗人苏东坡有一首诗写道:"横看成岭侧成峰,远近高低各不同。不识庐山真面目,只缘身在此山中。"也就是说由于观察者所处的地位和立场不同,他的主观世界和他所认识的客观世界也就发生了变化。因此,要真正认识世界(包括认识主体),就要有这种"外在观点",要参照他人和他种文化从不同角度对事物的看法。有时候,自己长期并不觉察的东西经"他人"提醒,往往会得到意想不到的发展。这种由外在的观点所构成的"远景思维空间",为认识的发展提供了广阔的可能性。

既然一切随空间、时间、地位、视角的变化而不同,那么,一切事物的意义也就并非一成不变的了。事实上,世界万物都在千变万化的互动关系中,在不确定的无穷可能性中,因种种机缘,而凝聚成一种现实。老庄哲学将这种蕴藏着众多可能性、不断变化的混沌状态称为"混成之物",也就是"道"。《道德经》第二十一章说:"道之为物,惟恍惟惚。惚兮恍兮,其中有象;恍兮惚兮,其中有物。"这里说的"象"和"物"就是尚不存在而又确实已有的某种可能，这种可能将随各种因素的互动、随主观和客观的动态演化而成为一种现实，也就是说，对事物的认识不可能是一成不变的，它必然根据"个体"（主体）的不同理解而呈现出不同的样态，因此，理解的过程也就是互动的、重新建构的过程。

二、自然科学与人文

一般来说，自然科学以研究自然物为对象。自然物是自然生成的，直到如今，科学再发达，人也不可能创造自然物，即使是最先进的克隆技术也不能凭空制造一个生物，而必须依靠先在的、某种生物的干细胞。以大自然为研究对象的自然科学，与以人所创造的社会和人文为对象的社会科学、人文学科在思维方式上也就有很大的不同。首先，大自然的变化在一定范围内多有规律可循，这种规律可以多次重复。例如水加温到100℃，即可沸腾而汽化；降温到0℃，即可凝固而成冰。这一过程可无限重复，多次检验。社会和人文现象虽可模拟，却不可能完全重复，因而也就无法多次检验。例如对一次战争成败的分析，任何理论都不可能用重演这次战争的办法来得到检验。其次，自然规律不以人的意志为转移，只要条件相同、过程相同，就会产生同样的结果；

社会和人文现象的发展及其结果却常常因"天时、地利、人和"而异，并受到诸多偶然因素的制约。

因此，在自然科学领域，人们主要依靠的是形式逻辑方法、数学描述和具体实验，也就是用上面所说的以分类、概括、归纳、演绎为主的第一种认知方式来思考。正如马克思所归纳的，人脑掌握、认识世界有四种方式，除自然科学外，还有"艺术的""宗教的""实践—精神的"，它们可以互相阐发，但却不可互相代替。[1]

但上述自然科学的认识论和方法论也只是在一定范围内有效，一旦超出这个范围，情况就完全不同了。如上所述，水在100℃沸腾，0℃结冰；但在极大的压力下，或在绝对零度（-270℃）的情况下，这个规律就不再起作用。而在牛顿力学范围内适用的各种规律，在量子力学的条件下，也都会有所变异。再进一步看，人类已知之物实在有限，而未知之物却无穷无尽。从"未知"变为"已知"首先要依靠人类所设计的实验构架，通过实验使未知之物得到验证，成为已知。那么，未经验证，或甚至尚未设计出实验构架的广袤的未知领域呢？人不可能用已知的规律来概括未知的领域。自然科学知识首先要依靠人所构

---

[1] 马克思：《政治经济学批判》导言，《马克思恩格斯选集》，第二卷。

想出来的实验的构想，经过实验验证，才能成立。由此可见，自然科学的知识和规律也还不是绝对的，也还不能离开自然物与自然物之间、自然物与人之间的互动；何况自然科学本身的目的就是以人为本，造福于人类！

然而，近世以来，"科学的"和"人文的"似乎已分化为两个壁垒森严的世界，人们不能不看到二十世纪科学成就的误用给人类社会造成的危害，而对未来科学发展的预见又给人类带来挥之不去的阴影和威胁，如基因的破译、生物的克隆所带来的一系列社会伦理学问题等。毋庸讳言，科学的发达已经给人体本身造成了一定的危害，且不说空气污染、生态失衡、原子武器、贫铀弹之类，就拿人类通过文字、经由想象而成像的能力来说，也已受到了相当大的损害。过去，孩子们看一本童话书，就会在头脑里自然浮现出一个童话世界。现在，由于过分依赖电视、电脑、游戏机提供的视觉形象，孩子们通过文字自由成像的能力已经被大大削弱，他们的想象世界被各种各样别人创造的、通过传媒而铺天盖地的漫画、卡通形象所充塞，正在逐渐失去创造力。因此，西方出现一股返璞归真、逃离现代文明的反智思潮是不足为怪的。

然而，危害人类的显然不是科学本身，而是掌握和使用科学的权力。问题在于如何控制这种权力，并使广大人群参与其事。全球性的环保运动就是一个成功的例子。又如2001年1月25日至31日，2000位世界政要和顶级财阀在地球北边的瑞士达沃斯举行"世界经济论坛"，讨论如何维持世界经济发展，推动经济全球化；同时，在地球南边的巴西阿雷格里港，也有来自全世界120个国家的数千名普通学者、政治家和工会领袖举行"世界社会论坛"，讨论如何制止"经济全球化"所带来的越来越扩大、越来越危险的贫富鸿沟，他们通过卫星电话和参加"世界经济论坛"的索罗斯等金融巨头展开了直接的激烈论辩。这些都显示人类正在努力寻求一种有更广大的人群参与的权力机制。这也许可以规范掌握和使用科学的权力，避免科学可能造成的危害。

科学和人文虽有不同的认知方式和思维方式，但远非绝对对立，而是可以互通、互识、互相为用的。这是因为作为自然一部分的"人"与自然本身原来就有一致性，例如被科学家称为"数学的和谐"的现象：科学家认为这种"数学的和谐"在各门学科中都是相通的。例如被画家公认为最佳比例的"黄金分割"是1比1.618，这不仅是画家创造出来的构图原则，也是自然生物的最优选择。植物叶脉的分布，动物身上的色彩和图案，舞蹈演员的肩宽和腰宽、腰部以上和以下的比例，以至数学家为工农业生产制定的优选法、提出配料的最佳比例等，大体也都符合黄金分割的比例。我们还可以举出无数实例来证明这种人与自然的多样性与共性的统一。事实上，由于现代科学的深入发展，人们不断发现过去不曾注意到的、不同领域所具有的共同属性，而且现代科学提供了手段（如电脑），使得对这些共同属性和相互关系的研究成为可能。马克思早就预言："自然科学将来会统括人的科学，正如人的科学也会统摄自然科学，二者将来会成为一种科学。"[1]二十世纪后半叶已经出现大量学科交叉研究的现象：人们开始把孤立、割裂的门类重新联结在一起，把事物的各部分、各方面、各种因素综合起来考察，力求从中找出其共同性、规律性及其相互联系的结构、功能和方式，从而得出宏观的结论。另一方面，世界各种事物、各种运动过程已不仅不再被认为是偶然孤立的现象，而且也不被认为是某些现象或过程机械相加的总和。人们发现某些性质和特点在孤立的个体中并不能找到，它们只存在于其特定的总体的相互联系之中，也就是上面谈到的互动关系之中。因此，不能把互动的、有机的整体仅仅分割为静止的、已死的部分来进行研究，必须在整体各部分的相互依赖、相互制约的动态的过程中来揭示事物的特征。以下就用貌似相去甚远的文学与自然科学的互动来做一个例证。

---

[1] 马克思：《1844年经济学哲学手稿》，《美学》第二期，朱光潜译。

三、文学与自然科学

早在二十世纪五十年代，在讨论比较文学的定义和功能时，美国学者雷马克就已经提出："我们必须进行综合，除非我们要让文学研究永远处于支离破碎和孤立隔绝的状态。要是我们有志于加入世界的精神生活和情感生活，我们就应该时时把文学研究中获得的见解和成果汇集起来，并把有意义的结论呈献给其他学科、整个民族和整个世界。"[1]比较文学不仅应该是联系各地区文学的纽带，而且是"连接人类创造事业中实质上有机联系着、而形体上分离的各个领域的桥梁"。比较文学被定义为："超越一国范围的文学，并研究文学跟其他知识和信仰领域，诸如艺术（如绘画、雕塑、建筑、音乐）、哲学、历史、社会科学（如政治学、经济学、社会学）、其他科学、宗教等之间的关系，简而言之，它把一国文学同另一国或几国文学进行比较，把文学和人类所表达的其他领域相比较。"[2]

此后，探讨和研究文学与其他学科的关系一直是比较文学的一个重要组成部分，特别是在文学与自然科学

---

1 雷马克：《比较文学的定义和功用》，《比较文学研究译文集》。
2 同上。

的互动关系方面，近年来有了较大发展。

二十世纪前半叶，进化论和弗洛伊德的心理学曾经全面刷新了文学理论、文学批评、文学史，以至文学创作和文学观念的各个领域。二十世纪后半叶，系统论、信息论、控制论以及热力学第二定律中熵的概念对于文学的影响也绝不亚于进化论和弗洛伊德学说之于二十世纪前半叶的文学。关于"三论"，论者已经很多，这里着重讨论一下熵的观念对文学的影响。

从热力学第二定律所引出的耗散结构和熵的观念，二十世纪后半叶以来，逐渐渗透到社会科学和文学研究领域之中。热力学第二定律告诉我们在一个封闭的体系中，层次较高的、有秩序的能作功耗散，产生层次较低的、较无秩序的能。例如在一个容器中同时注入热水和冷水，热水和冷水不可能分别存在于这一容器中而是很快混为温水，而且温水不可能再复原为原来的热水和冷水。这是一个不可逆的、能量愈来愈小终至衰竭的过程，也是测量混乱程度的"熵"愈来愈大的过程。"熵"是测量混乱程度的标准，"熵"的增大打破了一切秩序，也就是淹没了一切事物的区别和特点而使一切趋于单调、统一和混沌。著名科学家诺伯特·维纳在他的《人的人类使用法》一书序言中曾经描述说："当熵增加时，宇宙以及宇宙中所有封闭的体系都自然地趋向退化，并且失去它们的特性，从最小可能性的状态移向最大可能性的状态,从差异与形式存在的组织与可区分的状态转化到混沌与相同的状态。在吉伯斯的宇宙里,秩序的可能性最小,而混沌则具有最大的可能性。"[1]这就是说从整个世界发展趋势来看,由于能量的耗散,全世界可以作功的总能量越来越减少,在这个过程中一切都会变得陈旧、已知、无序;新鲜的、未知的、偶然的、有特质即按特殊秩序排列的事物越来越罕见,这就是维纳所说的"从最小可能性的状态移向最大可能性的状态,从差异与形式存在的组织与可区分的状态转化到混沌与相同的状态",也就是不可抗拒的"熵"越来越大的状态。

例如一个人,如果他把自己变成一个"隔离体系",既不摄取食物,又不通过感觉器官来吸收外界的信息、与外界进行交换并有所反应,真像庄子所说的那个没有七窍(两耳、两鼻孔、两眼、一口),因而也就不能"视听食息"的"浑沌"一样,他的"熵"就会越来越大,最后在一片无秩序的混沌中,无动无为,终至静止、平衡,永远衰竭、死寂。

"熵"的概念在美国文学中引起很大反响,特别是

---

[1] 转引自台湾大学外文系编《中外文学》第12卷第8期。

在小说界。最著名的美国作家如索尔·贝娄、厄普代克、梅勒等都曾在他们的作品中多次谈到"熵"的问题，著名的美国后现代主义作家品钦的第一个短篇小说题目就是《熵》，实际上《熵》正像是他后来的许多作品的一个序言。他的作品，如后来的《万有引力之虹》等无不笼罩着"熵"的阴影。女作家苏珊·桑塔格在她的名作《死亡匣子》中所描写的一切事物都在瓦解、衰竭，趋向于最后的同质与死寂。这种担忧与恐惧在当代美国作家的许多作品里都能找到，特别是他们精心描画的那种某件事物或某个人从有生命的充满活力和创造性的运动，发展成逐渐走向无力与死亡的无意义重复动作的过程确实令人触目惊心。

因此，在美国，作家被视为有可能阻止这种倾向的"反熵英雄"。由于社会运作日趋统一化，结果必然是社会赖以前进的创造性思维、突破性思维和发展性思维被绝灭。"文化大革命"时期"四人帮"首创的"五个统一"：统一思想、统一意志、统一行动、统一语言、统一生活方式等所造成的思想麻木、社会停滞，就是一个极端的例子。艺术家是挣扎反抗这种"统一化运作"的英雄，因为艺术家将这种"统一化运作"视为生命最后的麻痹。麻痹就是事物的衰竭状态。

艺术家的作品只要不是陈词滥调，就会带来一定的信息，信息就是"负熵"，信息打破旧的统一和沉寂，降低了混沌的程度也就是降低了"熵量",所以说,艺术家可以起"反熵"的作用。正是艺术家刻意创新、不断降低熟悉度、追求"陌生化"的倾向使他们成为"反熵英雄"。

要防止熵量的增加,就必须突破隔离封闭的体系,不断增加信息量,不断与外界交换能量,不断改变主体的结构以适应新的情况。比利时物理学家、诺贝尔奖获得者普利高津把时间的不可逆观念引入物理、化学研究,对不平衡态进行了考察,提出了耗散结构的新概念。过去的经典力学把所有的物理规律都视为可逆的,不区分过去与未来,没有时间的因素,任何时候都可以得到相同的结果。例如氢二氧一在任何时候,只要有一定的条件,都可化合为水;同样,水也可以再分解为氢二氧一。这是可逆的平衡态。普利高津指出在自然界中大量存在的不是这种平衡态,而是掺有时间因素在内的、不可逆的不平衡态。

例如一滴墨水在水中扩散,冷水已和热水混合成温水,鸭蛋已制造成松花蛋,要想再恢复原样,几乎不可能。前一种情况即氢氧化合成水和水分解成氢氧的情况是客观上不随时间变化的定态,这种状态就是一种稳定性平衡结构;后一种情况即墨水在水中扩散等则是宏观上随时间变化的动态,一旦有了变化的时间过程,怎样也无法恢复原来的状态,这是一种开放性的不平衡结构。后一种结构与外界交换物质和能量的潜力很大,体系将越来越偏离原来的状态而获取新质。获取新质后，逐渐变成新物，要再返回原状是不可能的，因为它们已包含了不可分割的新的质素。这样的结构任何时候都可以结合新机，释放能量，构成新质。

比较文学的研究对象不是A—B—C的线性演化史，而是把文学作为一个有生命力的开放性体系来进行研究。它不仅研究不同文化间文学的相互渗透，而且也研究自然科学、社会科学、其他艺术乃至环境和时代的影响所造成的文学的"不平衡态"。这种新的"不平衡态"既继承着原来的旧质，又获得了新质，开始了新的发展阶段。

因此，无论是创作主体还是审美主体都要力求突破自身的封闭性，成为一个善于结合新机、释放能量、变成新质的新颖独创的开放性体系。自然科学与文学研究本身都是人类思维的一种形式，其中本来就有共通之处。因此，研究自然科学的新成就、新方法，并将其应用到文学领域中来，肯定会为文学研究与文学创作打开新的局面，做出新的贡献。

人文素质是什么

人文素质是一种内在的东西，正如孟子所说："仁义礼智根于心，其生色也睟然，见于面，盎于背，施于四体，四体不言而喻。"（《尽心上》）人文素质是人对生活的看法、人内心的道德修养，以及由此而生的为人处世之道。它表现在人们的言谈举止之间，它于不知不觉之时流露于你的眼神、表情和姿态，甚至从背后看去也能充沛显现。

人文素质不同于一般所说的人的基本素质。人的基本素质如聪慧与鲁钝、质朴与虚浮、敏捷与迟慢等，它们有的出于先天原因，有的出于原始的家庭和社会影响，例如一个天然素朴的农民可以有极好的素质。人文素质与此不同，它专指古今中外人类文明所创造的一切美好事物对人的熏陶和感染，你接受它们、欣赏它们，将它们引入你的生活，融进你的言谈举止，成为你之所以是你的一部分，如孟子所说的"见于面，盎于背，施于四体"，那就是人文素质。

其实，我们从小到大都在不断接受人文素质的培养，在我们逐渐学会听、说、读、写的过程中，听和读培养了我们认识世界的能力，使我们从一个自然人成长为一个文化人，说和写培养我们表达自己的能力，从一个个体的人成长为一个社会的人。

巴金说："我们有一个丰富的文学宝库，那就是多少代作家留下的杰作。它们教育我们、鼓励我们，要我们变得更好、更纯洁、更善良，对别人有用。文学的目的就是要人变得更好。"

最大的弊病就是，学生脱离了自我需要，脱离了他内心真实的感受、理解和情感，造成自己真正想说的话找不到语言来表达。不想说的话，却能说得出来，甚至可能说得头头是道，但往往是空话、套话、假话。这样一来，语言就不是作为负载自己真实思想的载体，而成了覆盖自己的帷幕，把真实的自己挡在里头，使别人看到的不是自己。

要培养和提高自己的人文素质，首先要知道在历史的长河中人类创造了哪些不可磨灭的最美好的东西；其次要以他人为参照，了解人们在这浩瀚的知识、艺术海洋中是如何汲取营养、丰富自己的；最后是要勤于思考、敏于选择、身体力行，将自己认为真正有价值的因素融入自己的生活。

于是，你会感到一种内在的人文素质的升华，感到孟子所说的那种"见于面，盎于背，施于四体"的现象，你的事业和生活也将随之进入一个崭新的前所未有的阶段。

如何对待自身的传统文化

从曾经被殖民或半殖民地区的视角来看,当前最重要的问题,就是在后殖民的全球语境下,如何对待自身的传统文化的问题。由于这些地区的传统文化长期以来受到西方文化的灌输和扭曲,一旦从殖民体制压制下解脱出来,人们首先想到的自然是如何恢复发扬自身的固有文化,使其传播四海。这种倾向完全合理,无可非议,但与此共生的往往是一种极端的民族情绪。在沉醉于这种情绪的人们看来,既然中国文化已经被压制了几百年,如今为什么不应该扬眉吐气,"独逞雄风于世界"?既然中国传统文化如此悠久辉煌,而中国经济正在稳步快速上升,为什么不可以说"二十一世纪就是中国人的世纪"?总之,他们认为西方中心的隐退就意味着东方中心的取而代之,过去我们只能崇尚西方的经典,今天我们就要以东方经典雄视天下。显然，这样的思维方式创造不出任何新事物，无非是在新的时代和环境下，不断复制过去西方中心论的各种错误做法。事实上，中国文化能否为其他文化所接受和利用，绝非中国一方所能决定的。这首先要看中国文化（文学）是否能为对方所理解，是否能对对方做出有益的贡献，引起对方的兴趣，成为对方发展自身文化的资源而被其自觉地吸收。今天东西方文化的接触只能是和过去完全不同的，以互补、互识、互用为原则的双向自愿交流。

除了上述调整心态的问题之外，还有两个重要的问题需要思考，其一是如何理解传统文化，用什么样的传统文化去和世界文化交流？其二是如何交流，通过什么方式交流？我们所说的文化并不等于已经铸就的、一成不变的"文化的陈迹"，而是在永不停息的时间之流中，不断以当代意识对过去已成的"文化既成之物"加以新的解释，赋予新的含义；文化应是一种不断发展、永远正在形成的"将成之物"。毋庸置疑，在信息、交通空前发达的今天，所谓当代意识不能不被各种外来意识所渗透。任何文化都是在他种文化的影响下发展成熟，脱离历史和现实状态去"寻根"的、寻求纯粹的本土文化既不可能也无益。即使中国从来不是殖民地，当代中国人也很难完全排除百余年来的西方影响，复归为一个纯粹传统的中国人，正如宋明时代的人不可能排除印度文化影响，复归为先秦两汉时代的中国人一样。因此我们用以和世界交流的，应是经过当代意识诠释的、现代化的、能为现代世界所理解并在与世界的交流中不断变化和完善的中国文化。

至于如何交流，用什么方式交流，这里存在着一个难解的悖论。文化接触首先遇到的是用什么话语沟通的问题。若完全用外来话语沟通，本土文化就会被纳入外来文化的体系之内，失却本身的特点，许多宝贵的、不符合外来体系的独特之处就会被排除在外而逐渐泯没；如果完全用本土文化话语沟通，不仅难以被外来者所理解，而且纯粹的本土文化话语也很难寻求，因为任何文化都是在外来文化的不断影响和交流中发展的。只有正确理解这一悖论，才能实现真正的文化接触。当中国文化进入外国文化场时，中国文化必然经过外国文化的过滤而变形，包括误读、过度诠释等；同样，外国文化进入中国文化场，也必然受到中国文化的选择并透过中国式的读解而发生变形。其实，历史上任何文化对他种文化的吸收和受益都只能通过这样的选择、误读、过度诠释等变形，才能实现。常听人说唯有中国人才真正能了解中国，言下之意，似乎对外国人对中国的了解全都不屑一顾。事实上，根本不需要外国人像中国人那样了解中国，他们只需要按照他们的文化成规，择取并将他们感兴趣的部分改造为他们所需要的东西。法国的伏尔泰、德国的莱布尼兹都曾从中国文化受到极大的启发，但他们所了解的中国文化只能通过传教士的折射，早已发生了变形，这种变形正是他们能得到启发的前提。今天我们再来研究伏尔泰和莱布尼兹如何通过其自身的文化框架，来对中国文化进行了解和利用，又可以为我们提供一个新的视角，来对自己熟悉的文化进行别样的理解。这样，就在各自的话语中完成了一种自由的文化对话。这里所用的话语既是自己的，又是已在对方的文化场中经过了某种变形的。历史上不同文化之间的互利、互识多半是通过这样的方式来进行的。例如古代中国在自己的文化场中，用自己的话语与印度佛教对话，结果是创造了中国佛教的禅宗。英国哲学家罗素1922年在《中西文明比较》一文中说："不同文明之间的交流过去已被多次证明是人类文明发展的里程碑。希腊学习埃及，罗马借鉴希腊，阿拉伯参照罗马帝国，中世纪的欧洲又模仿阿拉伯，而文艺复兴时期的欧洲仿效拜占庭帝国。"希腊、罗马等文化吸收了其他文化之后，仍然主要是希腊、罗马文化。正如中国作家鲁迅所说，吃了牛羊肉，也不见得会类乎牛羊。由此看来，世界文化的未来发展也不会造就洛里哀（法国比较文学家）所预言的那种文化"大混合体"，而仍然是具有不同特点的各民族文化的共存。

当然也还可以更自觉地寻求其他新的途径，例如可以在两种话语之间有意识地找到一种中介，这个中介可以充分表达双方的特色和独创，足以突破双方的现有体系，为对方提供新的立足点，来重新提出追问，并得出新的结论。例如共同解决人类面临的问题就可以是一种中介，尽管人类千差万别，但总会有大体相同的生命形式（男与女、老与幼、人与人、人与自然、人与命运等）和体验形式（欢乐与痛苦、喜庆与忧伤、分离与团聚、希望与绝望、爱与恨、生与死等），以表现人类生命与体验为主要内容的文学一定会面临许多共同问题，如文学中的"死亡意识""生态环境""人类末日""乌托邦现象""遁世思想"等。不同文化体系的人对于这些不能不面对的共同问题，都会根据他们不同的历史经验、生活方式和思维方式做出自己的回答。这些回答回响着悠久的历史传统的回声，又同时受到当代人的取舍和诠释。只有通过这样的多种文化体系之间的对话，这些问题才能得到我们这一时代的最圆满的解答，并向未来开放回答这些问题的更广阔的视野和前景。在这种寻求解答的平等对话中，可能会借助旧的话语，但更重要的是新的话语也会逐渐形成。这种新的话语既是过去的，也是现代的；既是世界的，也是民族的。在这样的话语逐步形成的过程中，世界各民族就会达到相互的真诚理解。

文化自觉与中国梦

费孝通先生将文化自觉归结为十六个字:"各美其美,美人之美,美美与共,天下大同。"显然,只有具备这样的文化自觉,才有可能建设多元共处共生的全球社会。事实上,费孝通先生给文化自觉提出了一个坐标:纵轴是从传统和创造的结合中去看待未来,结合过去同现在的条件和要求,向未来的文化展开一个新的起点,这是一个时间轴;横轴则是在当前的语境下找到民族文化的自我定位,确定其存在的意义和对世界可能做出的贡献,这是一个空间轴。任何民族文化都可以在这个坐标上找到自己的定位。如果用这个坐标来衡量,我们在文化自觉方面还存在很多问题。

首先是传统和现代的创造结合很不够,也就谈不上以新的观点去看待未来。费孝通先生说:"文化自觉只是指生活在一定社会中的人对其文化有'自知之明'，明白它的来历、形成过程、所具的特色和它发展的趋向，不带任何'文化回归'的意思，不是要'复归'，同时，也不主张'全盘西化'或'全盘他化'。自知之明是为了加强文化转型的自主能力。"但是，目前这种完全"复归"的倾向仍然很严重，一部分人寻求的不是对文化的"自知之明"，而是一种势头很猛的夸张的复旧，其中尤有甚者，宣扬"圣贤是文化之本，文化由历代圣贤创造"，中国一百多年的近代史都错了，走的都是所谓"文化歧出""以夷变夏"的路；甚至认为必须"把儒教重新定为国教，建立一个儒教社会"。这种倒退复古、明显排外的取向当然不是提倡文化自觉的本意。

其次，对西方理论的发展历史并不深知，而不加质疑地追随西方现代化取向，对西方理论不加反思地接受，无视西方学者已经深刻揭示的西式现代化的重重危机，把本土资源作为论证西方理论、实现西方社会思想的试验场。此类更深层、更难解决的问题正在引起更多人的重视，成为进一步推动文化自觉的核心内容。

最后，文化自觉的根本目的是费孝通先生所说的为了"加强文化转型的自主能力，取得适应新环境、新时代文化选择的自主地位"。只有理解多种文化，才有条件在这个正在形成中的多元文化的世界里确立自己的位置，经过自主的适应，和其他文化一起取长补短，共同建立一个"有共同认可的基本秩序和一套各种文化能和平共处、各抒所长、联手发展的共处守则"，切不可轻视他族文化，特别是弱小民族的文化。当国家贫弱时，它会演变成阿Q的精神胜利法："我过去比你阔多了！"当国家逐渐强盛时，它就滋生为企图覆盖他族文化的东方中心主义，即所谓"东风压倒西风"。历史已经证明西方中心主义是行不通的，东方中心主义重蹈西方中心主义的覆辙，也不会有好的结果。我们的信念是不同文化相遇的过程不是一个"说服""同化"或"混一"（成为"合金"）的过程，更不是"征服"或"吞并"的过程，而是在不同环境中，通过"生成性对话"，互识、互证、互补，转化为新物的过程。这种过程首先奠基于某种文化确实感到他种文化能使自己受益（包括认知和审美），其结果也不是"趋同"，而是各自提升，在新的基础上产生新质和新的差异。只有这样的全球化的多元共生，才能构建二十一世纪可持续发展的人类精神生活的新阶段。

建构新的精神生活，不妨回顾一下人们曾经有过的对生活的不同梦想。笼罩人类理想数百年的美国梦，实质是"以最大的自由去挣最多的钱"！人们不惜一切代价追求绝对自主，过度消费，纵容每种欲望，浪费地球的丰饶，经济增长不受限制，强者拥有一切，弱者被边缘化，其弊害已严重影响人类的未来。鉴于这些问题，欧洲梦的追求者不提倡拼命扩大财富而是去提高精神水平，不是追求扩大权力范围而是去扩大人类的互相理解。欧洲梦被认为几乎是"第二次启蒙"，它要用新的"精神主义"（idealism）去纠正第一次启蒙所引发而过度提倡的"物质主义"，以及无限制的进步论（以伤害地球为代价的、直线的、急速的、无限的求新）和绝对化了的个人主义，也就是不断毒化社会的"异化"和"物化"。但对社会福利的过度依赖和移民问题所造成的困扰不能不使欧洲梦的实现受到很大局限。

中国是一个多梦的国家。在中国传统文化中，最早的中国梦是老子小国寡民的"无为梦"和孔子天下为公的"大同梦"。然而，无论是老子的"无为梦"还是孔子的"大同梦"都未能造福于现代中国，以致中国日益贫弱。它必然被另一个百余年来的"强国梦"，即现代化之梦所代替。中国在构思"中国式的现代化梦想"时，往往希望能够综合世界各种现代化模式的优点，而且还特别希望能够综合中西文化的优点，避开纯粹西方资本主义的弊端。如果说西方（包括日本）现代化的条件是殖民地掠夺和绵延不绝的战争，那么中国的现代化必须在这两者之外去寻求。

在"强国梦"的基础上，毛主席以非凡的想象力构思了一个"最新最美"的纯洁之梦。他想象的理想社会是一个和所有以往社会模式"彻底决裂"的、从未有过的新社会,这是一个扫除了一切社会都难以避免的所有丑恶现象的纯洁社会。他认为"一张白纸"最适合于画"最新最美的图画","一穷二白"恰好是新的中国梦的起点。刚成立的新中国,全国在一定程度上消灭了黄、赌、毒,以及其他肮脏犯罪,公务员实行相对公平的供给制,新的社会秩序逐步建立,有的地方甚至达到夜不闭户、路不拾遗的境地。新社会在抛弃旧模式、欢迎新经验、探索新制度等方面,有着无比的热情。这个"纯洁梦"至今鼓舞着中国老百姓和许多第三世界的人民。

当前中国梦的核心,是要建立一个既不同于西方也不同于中国古代的现代化的新中国,这是一个具有新中国精神和新中国思想的中国。英国的撒切尔夫人曾经断言,中国不大可能成为一个世界强国,因为中国没有足以影响世界的思想体系。中国社会科学院哲学研究所的赵汀阳教授认为,如果中国的知识体系不能参与世界的知识体系的建构,而因此产生新的世界普遍知识体系,不能成为知识生产大国,那么,即使有了巨大的经济规模,即使是个物质生产大国,还将仍然是个小国。因此,新中国精神应该意味着我们必须以中国的方式为中国想象一个社会理念、一种生活理念、一套价值观,而且还需要想象一种中国关于世界的理念，因为中国必须成为一个为世界负起责任的大国。假如中国没有能够发展出一套概念体系、话语体系和知识体系，就不能以新的中国精神参与不断发展的世界文化的重新建构。张维为在他的著作《中国震撼》一书中说，中国的崛起不是一个普通国家的崛起，而是一个五千年连绵不断的伟大文明的复兴，是一个"文明型国家"的崛起，"文明型国家"崛起的深度、广度和力度都是人类历史上前所未见的。这种"文明型国家"有能力汲取其他文明的一切长处而不失去自我，并对世界文明做出原创性的贡献。我想这就是新的中国梦的精神基础。

中国文化面向新世界

人类正经历着前所未有的巨大转折。这和过去从狩猎转向农耕,从农耕转向机械生产,从机械生产转向初期信息时代,都是完全不可比拟的。首先是软件和计算机革命、全球互联网、移动通信革新……在这样的情况下,人与人之间的关系大大超越了过去所受的时空束缚,特别是新一代人的成长脱离了继往开来的代际传承,他们在网络的交互影响中长大,自我成长。另一方面,由于生物工程技术的开发和应用,现在可以通过转基因、干细胞、克隆等人为的手段对人类进行复制、改变、优选。人存在的意义、人性的自我定义都受到了根本的挑战。

这些新发现和革命性的新技术迫使我们在时间意识和空间意识上都发生了根本变化。在这样的物质基础上发展起来的帝国霸权主义与恐怖主义战争给人类和地球的生存带来了严重威胁。西方世界已深深感到这样的危机，并已全面开始了对西方文化的反思和批判。例如，法国著名思想家、社会科学院研究员埃德加·莫兰指出，西方文明的福祉正好包藏了它的祸根：它的个人主义包含了自我中心的闭锁与孤独；它的盲目的经济发展给人类带来了道德和心理的迟钝，造成各领域的隔绝，限制了人们的智慧能力，使人们在复杂问题面前束手无策，对根本的和全局的问题视而不见；科学技术促进了社会进步，同时也带来了对环境、文化的破坏，造成了新的不平等，以新式奴役取代了老式奴役，特别是城市的污染和科学的盲目，给人们带来了紧张与危害，将人们引向核灭亡与生态死亡。

这对西方文明的发展构成了巨大威胁。如何面对危机？西方学者从三方面来突破现状：其一是返回自身文化的源头，审视历史，寻找新的参照系，重新认识自己，重新再出发；其二是改变旧的殖民心态，自省过去的西方中心论，理顺自己对非西方文化排斥、轻视的心理；其三是从非西方文化中汲取新的内容。

显然，这三种取向都有利于中国文化向世界展示自己。中国文化要走向世界首先要认识自己文化的根。正如费孝通先生所指出，最重要的是要充分认识自己文化得以延续的根和种子。举例来说，如中国人重视世代之间的联系，崇敬祖先，重视培育出色的子女；中国人相信"和实生物，同则不继"，相信不同的东西可以结合在一起，形成"多元一体"；中国人推崇"设身处地，推己及人"的行为准则，反对以力压人，倡导以德服人，等等。这些都并不是某人想出来的、虚拟的东西，而是切切实实发生在中国老百姓日常生活里的真情实事，是从中国悠久的文化中培养出来的文化精髓，世代相传，一直延续到今天。

但是，一种文化只有种子还不行，它还需要开花结果。传统失去了创造，也是要死灭的，只有不断创造，才能赋予传统以新的生命。所谓"创造"就是不断"以发展的观点，结合过去同现在的条件和要求（包含吸纳外来文化的有利因素），向未来的文化展开一个新的起点"；也就是说继承传统，绝不是回到过去，而必须是从传统和创造的结合中去看待未来。

目前许多西方学者都在致力于认识和发掘中国文化思想中的宝藏，希望从中国文化中发现对普世有益的文化因素。例如法国著名学者巴柔教授在"多元之美"国际讨论会上提出，中国的"和而不同"原则定将成为重要的伦理资源，使我们能在第三个千年实现差别共存与相互尊重。在中国的"五经翻译"讨论会上，法兰西学院院士汪德迈教授提出:"为什么不思考一下儒家思想可能指引世界的道路,例如'天人合一'提出的尊重自然的思想,'远神近人'所提倡的拒绝宗教的完整主义以及'四海之内皆兄弟'的博爱精神呢?"法国索邦大学的查·华德教授认为:"孔子思想中充满信仰、希望、慈悲,具有普遍性。在二十一世纪的今天不仅有道德的示范作用,更有精神的辐射作用。"正在倡导以"建构性"后现代主义取代"解构性"后现代主义的约翰·科布则强调,以过程哲学为基础的建构性后现代主义"关心和谐、完整和万物相互影响"的主张正与中国观念相契合。他认为:"当过程思想被中国人所拥有和借鉴时,它在中国将比在西方获得更丰富的发展,因为中国传统文化一直是有机整体主义的。"以上这些都说明有远见的西方学者正希冀从远古的中国文化中发现可以解决世界某些问题的共同价值和普世意义。

回顾我们自己,当前中国文化正处于"反本开新"的大浪潮中。"反本"才能"开新","反本"是为了"开新"。"反本"必须对中国思想文化的源头和流向有深切的了解。这种了解越深入,就越能使中国文化焕发出强大的生命力,以面对新的世纪和人类。"开新"则要求我们全面、系统地了解当今人类社会所面临的、亟待解决的、生存和发展的重大问题及其发展总趋势,以便对中国思想文化做出合乎时代要求的新的、最好的诠释。"反本"和"开新"不能割裂，只有深入发掘中国思想文化的真精神，才能适时地开拓中国思想文化发展的新局面；只有敢于面对当前人类社会存在的新问题，才能使中国思想文化的真精神得以发展和更新，并在世界文化的多元交响中，发出自己的新声。

漫谈佛教在欧洲的影响

像世界上其他宗教一样，佛教在世界和平发展的进程中扮演了重要的角色。佛教宣扬的非暴力、宽容、和谐与博爱的基本教义是我们今天的社会所迫切需要的，它对在世界各种宗教和各个国家之间发展一种和平的文化将会有很多贡献。

佛教是建立在宽容与和谐等概念上的一种宗教。佛个人对于其他宗教的态度并非指摘或拒斥，而是努力引导信奉其他信仰的人系统地、批判性地考察他自己的观点，而且佛并不坚持说自己的立场就是唯一正确的世界观。《大藏经》曾记载一个曾是当时另一宗教的门徒，他热切地希望抛弃自己原有的信仰，转而信奉佛教，对此，佛回答说："你尽可接受我的教诲，但同时你也不必放弃你现在的宗教派别。"在另一处，我们进一步看到佛对其当时的竞争对手表现出宽宏大量的态度。他从未想过强迫人改宗易帜。在《长阿含经》中的《优昙婆罗经》里记载佛曾说："我不为争取教徒而宣教。"《梨俱吠陀》上的一段极其可贵而贴切的话说："现实只有一个，只是不同教派对其做出了不同的阐释。"这些教训对于我们今天的为人处世，仍然很有教益。今天的人们特别需要学会尊重他种宗教、文化以及其他民族的伦理观、价值观。狭隘偏执、傲慢自大使人们对与自己相异的民族、文化与宗教大肆贬低，而这就是争端与仇恨的根源。佛教教义认为所有宗教可以在共同的道德伦理基础上，为使这个星球成为一方"净土"而努力，到那时，地球上所有的人都将享受到无尽的欢乐与和平生活。

第二次世界大战带来的苦难使人们进一步认识到佛教的价值，在战争的废墟上，许多佛教团体与协会在德语国家中出现，也在荷兰、比利时、芬兰、瑞典和瑞士等国成立。在所有的伟大宗教中，只有佛教直面并解决恶与苦的问题，剖析其根源并追寻消灭此根源以及抑制人类无穷欲望的方法。彼得·哈维说："在1987年，欧洲有超过一百万的佛教徒（包括了亚裔人口），其中半数以上都是英国人（一个相当可观的数字）。在其他国家，佛教徒是这样分布的：德国有七万人，法国有二十万人，意大利有一万五千人，奥地利有六千人。"[1]今天，欧洲的佛教徒人数更是一个不小的数目。如此众多人关注佛教，佛教教义不能不对欧洲思想产生一定影响。以下略举两例加以说明。

法国当代思想家、法兰西院士让-弗朗索瓦·勒维尔和他的皈依佛教的儿子马蒂厄·里卡尔曾经有过一场对话。在这场对话中，他提出了一个观点：西方的失败不在于科学，而在于哲学。哲学本有两大基本功能：智慧与科学。在最近的三个世纪中，西方哲学抛弃了它的智慧功能，同时也被科学本身剥夺了它的科学功能。在对话的结尾处，马蒂厄·里卡尔总结说："经历了许多世纪的互相无知之后，在最近二十年里，佛教与西方思想的那些主要潮流之间的一场真正的对话已经开始。佛教就这样取得了它在哲学史上和科学史上的应有的位置。如果我们将所有的异国情调放在一边，则佛教道路的目的与所有那些巨大的精神传统一样，都是要帮助我们成为更好的人类存在者。科学既没有达到这一目的的意图，也没有达到这个目的的手段。"[2]这是对现代西方文

---

[1] 彼得·哈维：《佛教》。
[2] 让-弗朗索瓦·勒维尔，马蒂厄·里卡尔：《和尚与哲学家：佛教与西方思想的对话》。

化清醒的反思性认识。

英国学者舒马赫所写《小的是美好的》一书于二十世纪七十年代初问世（1984年有了中译本）。书中提出并倡导一种与现代经济学相对的佛教经济学观点，让人印象深刻。如书中写道：佛教经济学必然与现代实利主义经济学大有区别，因为佛教徒认为文明的真谛不在于需求增多，而在于人格纯净。从佛教的观点来看，把商品看得重于人，把消费看得重于创造活动，这是真理的颠倒。对现代经济学家来说，习惯于按每年的消费量来衡量"生活水平"，历来认为一个消费较多的人比消费较少的人境况优越些。佛教经济学家会认为这种看问题的方法极不合理：既然消费只是人类福利的一种手段，目的就应当是以最少的消费求得最大限度的福利。[1]这是他从东方思想所获得的直接启悟。尤其是佛学思想方面的古老见解，给了他破除西方科学迷信的巨大洞察力。他认为，科学所揭示的仅仅是有关物质世界的真理之一面。如果仅仅从物质一面去考察事物，便不可能得到有关事物存在的全面真相。这些由东方思想，特别是佛教教义所启悟的智慧不但逐渐改变着西方哲学的片面性，对于国内学术思想的发展也颇有助益。

---

[1] 舒马赫：《小的是美好的》。

以东方智慧化解文化冲突

如何才能化解当前世界的文化冲突呢？历史告诉我们，文化冲突是不能用征服或消灭来解决的。文化根植于人的内心，征服或消灭只能是暂时的，结果总是"冤冤相报"，制造新的仇恨。中国人讲究的是"冤家宜解不宜结"，解即"化解"。"化解"就是沟通、对话，达到相互理解。中国文化所追求的从来不是一种文化对另一种文化的"拯救"，更不是一种文化对另一种文化的覆盖或征服，而是文化的多元共存，保护文化生态的自然发展。

多元共存在中国传统文化中表现为"和而不同"。"和而不同"的重点是"和"。"和"的本义是指不同事物的协和并存，也就是探讨诸多不同因素在不同的关系网络中如何共处。不同事物的并存并不是在各自孤立的状态下静态地并存，而是在不断的对话和交往中，从互相矛盾乃至抵触，到互相认识、互相汲取补充，并以自身的特殊性证实人类共同的普遍性的存在，这是一种在相互关系中不断变化的、动态的并存，是一种互利的"共生"。

在中国，儒家立论重在人和人的关系，道家立论重在人和自然的关系，都是在不同的领域内探讨如何通过"和而不同"而达到完满和谐的境界。中国传统文化的最高理想是"万物并育而不相害，道并行而不相悖"。"万物并育"和"道并行"是"不同"；"不相害"和"不相悖"则是"和"。庄子的最高理想是"太和万物"，使世界达到最完满的和谐；作为儒家核心的道德伦常观念，强调"父慈子孝""兄友弟恭""君义臣忠"等双方面的行为规范，力图找到两者之间关系的和谐和适度。所以说："礼之用，和为贵。""礼"是共同遵守的原则和规范，它必须在和谐、适度的前提下才能真正实现。这种在"适度"的基础上，不断开放、不断追求新的和谐发展的精神，为多元文化共处、化解矛盾冲突提供了不尽的思想源泉。

西方的文化反思推动人们更多地探索和研究非西方文化，特别是掀起了重新认识东方的热潮。在这样的情况下，中国文化势必成为一个西方文化注目的对象。正如法国学者弗朗索瓦·于连所说:"中国的语言外在于庞大的印欧语言体系,这种语言开拓的是书写的另一种可能性;中国文明是在与欧洲没有实际的借鉴或影响关系之下独自发展的、时间最长的文明……中国是从外部正视我们的思想——由此使之脱离传统成见——的理想形象。"这说明西方的有识之士开始以中国作为一个有效的"他者"来反观自己,他们开始重视向非西方文化汲取有益的营养,并认为"西方中心论"应该被消解。

所有这些变化都有利于东西文化的沟通、促成文化冲突的化解、建成一个多元文化共生的全球化新时代。

辑二

汤一介篇

论儒家哲学中的真善美问题

一

我们能否用最简单而又最精确的命题把历史上的我国儒家哲学关于真、善、美的问题表述出来，如果能做到这一点，就可以说对儒家哲学有一个总体上的认识。我认为，中国儒家哲学中关于真、善、美的观念集中体现在中国古代思想家长期讨论的三个基本命题之中，即"天人合一""知行合一""情景合一"。"天人合一"是讨论"真"的问题；"知行合一"是讨论"善"的问题；"情景合一"是讨论"美"的问题。

关于"天"和"人"，这两个概念可以因不同的哲学家而有十分不同的含义，这里不可能详细讨论，但无论如何，"天（道）"总是就宇宙的根本或宇宙的总体方面说的，"人（道）"往往是就人们的社会生活或人本身方面说的。天人关系问题从来就是中国古代思想家所研究的最重要的问题。司马迁说他的《史记》是一部"究天人之际"的书；董仲舒答汉武帝策问时说，他讲的是"天人相与之际"的学问；扬雄说"圣人……和同天人之际，使之无间也"；魏晋玄学创始者之一何晏说另一创始者王弼是"可与言天人之际"的哲学家；中国道教茅山宗的真正创始者陶弘景说，只有顾欢（另一道教领袖）了解他"心理所得"是"天人之际"的问题；唐朝刘禹锡对柳宗元的批评，说柳宗元的《天说》"非所以尽天人之际"；宋朝思想家邵雍说得更明白："学不际天人，不足以谓之学。"在中国传统哲学中对"天人关系"有各种说法，如荀子提出的"明于天人之分""庄子蔽于天而不知人"，郭象的"天者，万物之总名也"，刘禹锡有"天人交相胜"之说等。而且"天人关系"问题在魏晋时期又常通过"自然"与"名教"的关系表现出来。但儒家的主流却大都把论证"天人合一"或说明"天人合一"当作第一要务。

孔子多言"人事"，而少言"天命"，然而孔子并非不讲"天命"。我们知道，他不仅说过"唯天为大"，而且认为"天命"与"圣人之言"是一致的，他说："君子有三畏：畏天命，畏大人，畏圣人之言。"接触到"天""人"关系问题。然而子贡说"夫子之言性与天道，不可得而闻也",可见当时已把"人性"与"天道"的问题联系起来讨论,只是子贡等没有听到孔子对这个问题的论述而已。孟子可以说开始有了"天人合一"的思想表述,如他说"尽其心者,知其性也;知其性,则知天矣";又说"夫君子所过者化,所存者神,上下与天地同流",这表明他把"天"和"人"看成一个统一的整体。荀子虽然讲"明于天人之分",而其根本要求则在"制天命而用之",即从"人"的方面来统一"天",因而他把"人"抬高到与"天""地"并列的地位:"天有其时,地有其财,人有其治,夫是之谓能参";"故善言古者,必有节于今;善言天者,必有征于人。凡论者,贵其有辨合,有符验。故坐而言之,起而可设,张而可施行"。这表明荀子认为"天"和"人"是一统一的整体。《郭店楚简·语丛一》中说:"易,所以会天道、人道也。"《周易》是一部讲"天道"和"人道"会通的所以然的道理的书。这也许是现在知道的最早关于"天人合一"的明确表述。董仲舒宣扬"天人感应",他说:"天亦有喜怒之气,哀乐之心,与人相副。以类合之,天人一也。"董仲舒这类言"天人合一"的理论自然是唯心主义的,是一种粗俗的"天人合一"论,且带有神秘主义色彩。

　　魏晋玄学讨论的中心课题是"自然"与"名教"的关系问题,而实际上也是天人关系问题。魏晋玄学的主流则是以调和"自然"与"名教"为主题,即欲"以儒道为一"。王弼主张"体用如一",故有"举本统末"之言,谓了解"天道"即可了解"人事",圣人可以"体冲和以通无",体现"天道"以至于同于"天"。郭象也讲"体用如一",以为"用外无体",他认为圣人"常游外以弘内",在现实社会中就可以实现符合"天道"的理想社会,所以"名教"不仅不和"自然"相矛盾,恰恰应在"人间世"中来实现其"逍遥游"。这虽和先秦两汉儒家对"天人合一"的表述不同,但它正是魏晋人所追求的一种特有的"天人合一"的精神世界。

宋儒所讲的身心性命之学,更是以"天人合一"为其所要论证的基本命题。周敦颐明确地说:"圣人与天地合其德""圣希天"。故王夫之说:"自汉以后,皆涉猎故迹,而不知圣学为人道之本。然濂溪周子首为《太极图说》,以究天人合一之原。"张载的《西铭》更谓"天地之塞,吾其体;天地之帅,吾其性";《正蒙·乾称篇》则谓"儒者则因明致诚,因诚致明,故天人合一,致学而可以成圣,得天而未始遗人"。二程讲"体用一源",其目的亦在明"天人合一"之理,故说:"在天为命,在义为理,在人为性,主于身为心,其实一也";又说:"天人本无二,不必以合言(按:意谓天人本一体);性无内外,不可以分语""圣人之心,与天为一"。朱熹也说:

"天即人，人即天。人之始生，得之于天也。既生此人，则天又在人矣。""人"及人类社会虽由"天"而有，但既有"人"及人类社会，"天道"将由人来体现，即"天道"通过人的行为实现于社会，而能完全实现"天道"者唯圣人。所以朱熹说："圣人……与天为一。"

程朱理学如此，陆王心学也以阐明"天人合一"之理为己任。陆九渊说："宇宙内事乃己分内事，己分内事乃宇宙内事。"王阳明说："心无体，以天地万物感应之是非为体。""盖天地万物与人原是一体，其发窍之最精处，是人心一点灵明。风雨露雷，日月星辰，禽兽草木，山川土石，与人原是一体。故五谷禽兽之类皆可以养人，药石之类皆可以疗疾。只为同此一气，故能相通耳。"认为"天"与"人"原为一体，"人"的生存、发展不能离开"天"，它们在本质上是相通的。所以他说："大人之能以天地万物为一体也，非意之也，其心之仁本若是。""圣人"之所以能与天地万物为一体，盖因其心本"仁"，而与"天"心之仁相通。他在解释《大学》中的"亲民"与"明明德"时又用了"体用如一"的观点，他说："明明德者，立其天地万物一体之体也；亲民者，达其天地万物一体之用也；故明明德必在于亲民，而亲民乃所以明其明德也。"

明清之际的重要思想家黄宗羲和王夫之都从不同

的方面论证了"天人合一"之理。黄宗羲从"盈天地皆心"的观点出发批评把"理"与"心"析分为二，他说："夫自来儒者，未有不以理归之天地万物，以明觉归之一己，歧而二之，由是不胜其支离之病。阳明谓良知即天理，则天性明觉，只是一事，故为有功于圣学"，故"心无本体，工夫所至即其本体"，这是按照中国传统哲学中"体用不二"来说明"天人合一"。

王夫之以"天"与"人"之气化同运，来说明"天人合一"之理，他说："父母载乾、坤之德以生成，则天地运行之气，生物之心在是，而吾之形色天性，与父母无二，即天地无二也。"因为"天人之蕴，一气而已"，所以"道一也，在天则为天道，在人则为人道"，"天"与"人""惟其一本，故能合"，"惟其异，故必相须以成而有合"。"天"与"人"本一体之气化同运，所以能"合一"，但"天"与"人"又并非等同，正因为有差别才能相补而成为一体之合。王夫之认为，"天道"乃一刚健之气化的流行，而人受之为"仁义之心"，故谓"成之者，人也；继之者，天人之际也"，"天人相接续之际，命之流行于人者也"，盖"天人同于一原"也。

中国传统儒家哲学中，虽在立论有所不同，但都以讨论"天人合一"为中心课题，或从"元气"论出发，把整个宇宙视为气化流行，而人即在其中谋求与天地气化流行成为和谐之整体;或以"天"("天道"或"天理")为一超时空的至健的大秩序,而"人"("人道"或"人事")则是依此超时空之至健的大秩序而行事、"体道"以求宇宙之和谐;或以"天"为"心",认为一切道理俱于一心之中,充分发挥"本心"之作用即可"与天同体"。从中国传统哲学上看,虽然各派在论述"天""人"宇宙统一性问题时的立论基础并不相同,但是,在它们之间也有若干共同点。这些共同点,或者可以说表现了我国儒家哲学思维方式的某些特殊性。

这就是:第一,所谓"天人合一"的观念表现了从总体上观察事物的思想,不多做分析,而是直接的描述,我们可以称它为一种直观的"总体观念";第二,论证"天人合一"的基本观点是"体用如一",即"天道"与"人道"的统一是"即体即用",此可谓和谐"统一观念";第三,中国传统哲学,不仅没有把"天道"看成僵化的东西,而且认为"天道"也是生动活泼、生生不息的,"天行健,君子以自强不息",人类社会之所以应发展、人们的道德之所以应提高,是因为"人道"应适应"天道"的发展,此可谓同步的"发展观念";第四,"天"虽是客体,"人道"要符合"天道",但"人"是天地之心(核心之心),它要为天地立心,天地如无"人"则无生意、无理性、无道德,此可谓道德的"人本观念"。这就是中国儒家哲学中"天人合一"思想的全部内涵。

关于"知行"问题，我国近世学者往往从认识论的角度去分析它，但在儒家哲学中，它更是一个伦理道德问题。认识问题如果不与道德修养问题相结合，就很难成为儒家哲学的一个部分而流传下来，因此认识问题往往与伦理道德是同一问题，故儒家主张在社会生活中不仅应"知"（认识），而且应"行"（实践，身体力行）。

至于"善"，虽然各个不同的阶级或阶层、集团的看法不同，所立的标准各异，但在儒家哲学中重要的哲学家大都认为"知"和"行"必须是统一的，否则就根本谈不上"善"。所以，从总体上看，"知行合一"思想实贯穿于儒家哲学之始终。古代贤哲们把"知"和"行"能否统一看作关系到做人的根本态度问题，知行统一是他们所追求的理想之一。

从孔子起就把"言行一致"视为道德上划分君子与小人的一个标准，"君子耻其言而过其行"。孟子讲"良知""良能"，虽以恻隐之心、羞恶之心、辞让之心、是非之心四端为人先天所固有的，但要成为道德的仁、义、礼、智，则必须把四端"扩而充之"，这点必须在道德实践中方可达到，所以孟子说："凡有四端于我者，知皆扩而充之矣，若火之始然，泉之始达。苟能充之，足以保四海；苟不充之，不足以事父母。"荀子强调"行"为"知"的目的，但同时也承认"知"对"行"的指导作用，因此他说"不闻不若闻之，闻之不若见之，见之不若知之，知之不若行之。学至于行之而止矣。行之，明也；明之为圣人。圣人也者，本仁义，当是非，齐言行，不失毫厘，无它道焉，已乎行之矣。故闻之而不见，虽博必谬；见之而不知，虽识必妄；知之而不行，虽敦必困。不闻不见，则虽当，非仁也，其道百举而百陷也"。《大学》讲三纲领八条目，也是说的知行的统一过程。

至宋儒，程颐虽主张"知先行后"，但在道德修养方面则认为"知而不能行，只是未真知"，所以黄宗羲说"伊川先生已有知行合一之言矣"（《宋元学案》卷七五）。朱熹虽继承了程颐"知先行后"之说，但他特别提出"知行常相须""知与行工夫，须着并行"，其理由是"论先后，知为先；论轻重，行为重"，所以有人说程朱是"重知的知行合一说"。"知"虽是"行"的基础，而"论知之与行，曰：方其知之而行之未及之，则知尚浅。既亲历其域，则知之益明，非前日之意味"。朱熹之所以重"行"，则是因为他把"知"与"行"的问题从根本上视为道德修养问题，所以他说："善在那里，自家却去行他。行之久，则与自家为一；为一，则得之在我。未能行，善自善，我自我。""善在那里"是"知"的问题,"自家却去行他"是"行"的问题,是一个道德实践问题,必得"知行合一",才可以体现至善之美德。

中国传统哲学中常言"体道"（或"体天道""体天理"），这或有二义：其一是指"以道为体"，即圣人应和"道"认同,应同于"天";其二是说实践"道体",即要求依"天道"而身体力行之。至于王阳明的"知行合一"学说自然为大家所熟悉，但看来对他这一学说也有误解之处,往往抓住他的"一念发动处便即是行"这句话就断定他"以知代行""销行归知"。其实从一定意义上说,王阳明并没有把"知"和"行"完全等同起来。所谓"一念发动处便即是行"，正是就人们道德修养上说的，所以在这句话的后面他进而指出："发动处有不善，就将这不善的念克倒了。须要彻根彻底,不使那一念不善潜伏在胸中。"

他又说："知之真切笃实处即是行，行之明觉精察处即是知。知行功夫,本不可离,只为后世学者分作两截用功,失却知行本体。"王阳明对知行的统一关系也有明确的说明,他说:"知是行的主意,行是知的功夫;知是行之始,行是知之成。"如果从认识论的角度,或者可以说王阳明某些话有"合行于知"的嫌疑,但从道德修养层面上看,强调"知行合一"是有一定的合理因素的。

到明清之际,王夫之虽主张"行先知后""行可兼知",但他在讲道德修养问题时,仍主张"知行合一",他说:"盖云知行者,致知、力行之谓也。唯其为致知、力行,故功可得而分。功可得而分,则可立先后之序。可立先后之序,而先后又互相为成,则由知而知所行,由行而行则知之,亦可云并进而有功。"知行之所以是"并进而有功"的,就是因为知行问题归根结底仍是道德问题。在王夫之看来,"智者,知礼者也;礼者,履其知也。履其知而礼皆中节,知礼则精义入神,日进于高明而不穷"。故圣人之由明而诚,率性以成己之事;圣人之由诚而明,则修道以成物之教,"明诚合一,则其知焉者即行矣,行焉者咸知矣"。这正是儒家哲学中做人的道理之所在。

目前在中国哲学史的研究中流行着一种观点,认为宋明以来的道学家谈论知行问题,总是把这个认识论问题和道德修养问题混为一谈,并认为这是中国古代哲学家的局限性和错误所在。这虽有点道理,但似有两点可以讨论:

第一,宋明以来的理学家本来就不以为知行问题只是认识问题,而认为知行问题之所以重要,正因为它关乎道德修养问题,所以从理学家本身的立论上说,不存在把认识论问题与道德修养问题混淆在一起的问题。

第二,从道德修养方面来说,"知行合一"的学说或知行统一的观点不能说没有一点合理之处,不能认为全无积极意义。作为道德修养上的知行从根本上说是不应割为两截的。王阳明所说的"知是行的主意,行是知的功夫;知是行之始,行是知之成"应是中国古代哲学家对这一问题的较好总结。

"情景合一"是一个美学问题,王国维在《人间词话》中写道:"词以境界为最上,有境界则自成高格,自有名句。"何谓"境界"?王国维说:"境非独谓景物也。喜怒哀乐,亦人心中之一境界。故能写真景物、真感情者,谓之有境界,否则谓之无境界。"所以,"境界"一词,除"景物"外,实当亦兼指"情意"。叶嘉莹在《迦陵论词丛稿》中有一段对王国维"境界说"的解释颇有见地,她说:"境界之产生,全赖吾人感受之作用;境界之存在,全在吾人感受之所及。因此,外在世界在未经过吾人感受之功能而予以再现时,并不得称之为境界。从此一结论来看,可见静安先生所标举之境界说,与沧浪之兴趣说及阮亭之神韵说,原来也是有着相通之处的。"布颜图在《画学心法问答》中对"境界"的解释也如静安先生,他说:"山水不出笔墨情景,情景者,境界也。"所以王国维说:"昔人论诗词,有景语、情语之别。不知一切景语,皆情语也。"可见王国维认为一切诗词等文艺创作以"情景合一"为上品,但这一"情景合一"的美学观点,并非创始于王国维。

中国文学艺术理论真正独立出来成为一门学问,成为较有系统的理论体系，大体上说应该是在魏晋南北朝时期。当时已有"情景合一"的思想，这点在钟嵘的《诗品序》中反映得较为清楚，他说："夫四言，文约意广，取效《风》《骚》，便可多得。每苦文繁而意少，故世罕习焉。五言居文词之要，是众作之有滋味者也，故云会于流俗。岂不以指事造形，穷情写物，最为详切者耶？故诗有三义焉：一曰兴，二曰比，三曰赋。文已尽而意有余，兴也；因物喻志，比也；直书其事，寓言写物，赋也。宏斯三义，酌而用之，干之以风力，润之以丹彩，使味之者无极，闻之者动心，是诗之至也。"这种认为"至文""神品"当"穷情写物"的思想，即"情景合一"。

到明朝，有前后七子多言"情景合一"，如后七子之谢榛《四溟诗话》中说："作诗本乎情景，孤不自成，两不相背。"又说："诗乃模写情景之具，情融乎内而深且长，景耀乎外而远且大。"而与谢榛不同派别的公安派袁中道似乎也以"情景合一"立论，如他在《牡丹史序》中说："天地间之景，与慧人才士之情，历千百年来，互竭其心力之所至，以呈工角巧意，其余无蕴矣。"明清之际大戏曲家李渔亦谓："文贵高洁，诗尚清真，况于词乎？作词之料，不过情景二字。非对眼前写景，即据心上说情，说得情出，写得景明，即是好词。"而王夫之在《姜斋诗话》中说得更明白："情景名为二，而实不可离。神于诗者,妙合无垠。巧者则有情中景、景中情""景中生情,情中含景,故曰景者情之景,情者景之情""情景一合,自得妙语"。所谓"情景一合,自得妙语",也许正是中国传统文艺理论的一个基本命题。因此,对"美"的看法也应当由此命题上去寻求。

在中国传统思想中有一种倾向,"美"和"善"往往是联系在一起的,"充实之谓美"是指得到了一种高尚享受的精神境界。孔子听《武》,说它"尽美而未尽善";而《韶》则是"尽善尽美"。"尽善尽美"的音乐才是最高、最理想的音乐。最高、最理想的音乐如此,其他艺术当然也是一样。"尽善尽美"的艺术即要提高人的精神境界,并使之从中得到最高的美的享受;而创作艺术作品的人必须是"有境界"的,他的艺术作品必须是"情景合一"的。

从儒家哲学的总体上看,可以说"知行合一""情景合一"是从"天人合一"派生出来的。"知行合一"无非是要求人们既要知"天道""人道",又要行"天道""人道",而"人道"本于"天道",故实知且行"天道"即可。"情景合一"无非是要求人们以其思想感情再现天地造化之工,故亦是"天人合一"之表现。儒家哲学之所以在真、善、美的问题上追求这三个"合一",就在于儒家哲学的基本精神乃是教人如何"做人",为此就应有一个"做人"的要求，即要有一个理想的真、善、美的境界。达到了这个"天人合一""知行合一""情景合一"的真、善、美的理想境界的人就是所谓的"圣人"。

人们的理想所表现的形式和内容虽然千差万别，但总应有一种理想，追求一高尚的精神境界。在儒家思想中有一种理想主义的倾向，从孔子起就向往"天下有道"的社会，并极力想把它实现于现实社会之中，甚至并不认为它肯定能实现，但却认为人们应有这种对理想的追求，应用"知其不可而为之"的精神致力于此。所以当子贡问孔子"如有博施于民而能济众，何如？可谓仁乎"的时候，孔子回答说："何事于仁，必也圣乎！尧舜其犹病诸。"可见孔子也并没有认为尧舜时代的社会就是人类最高的理想社会。

因此，对中国古代思想家来说，就有一个对理想社会如何看的问题。在中国古代的一些思想家看来，理想社会就是一种理想，它只有实现的可能性，但并不一定能把这种可能性变为现实性。尽管理想社会从来没有实现过，但要不要追求它却是一个根本性问题，是一个人生态度问题。理想社会虽不一定能在现实中实现，但对于中国古代思想家来说，却可以在他们的个人生活中实现，或者说可以在他们的心中实现。

为什么张载的《西铭》那么受后来宋明理学家的重

视？我以为就在于《西铭》体现了我国古代哲人追求理想社会的精神，而且在他们的心中已建立了这种精神。张载所理想的"民，吾同胞；物，吾与也"的社会是否能实现，这对他固然很重要，但更重要的是人能不能有一种追求理想社会的人生态度，所以《西铭》以"存，吾顺事；没，吾宁也"一句作为结语。人生在世必须去尽自己的责任，这个责任就是如何为实现理想的"大同世界"而奋斗，为创造一个和谐的社会而尽力。从这里看，儒学思想家的理想社会实际上带有空想的色彩，他们不可能把自己的理想建立在现实的基础上，这是时代和阶级的局限性所致。

儒家哲学中的这种理想主义的倾向又是以人本主义为前提的。在中国古代的一些哲学家看来，"人"在天地之中是最重要的，只有"人"能"为天地立心，为生民立命，为往圣继绝学，为万世开太平"，所以孔子说："人能弘道，非道弘人。""道"（"天道"）是客观存在的，但"道"要人来发扬光大它，要人在实践中体现它。人怎样才能体现"天道"？中国古代的一些哲人认为，如果懂得了"天人合一""知行合一""情景合一"的根本道理，那么，人就有了一种"做人"的最高境界，也就可以把其美好的理想凝聚心中，而求实现于人间世。

"天人合一"的问题虽然说的是人和整个宇宙的关

系，但它把"人"视为整个宇宙的中心。《中庸》中说："诚者，天之道也；诚之者，人之道也。诚者，不勉而中，不思而得，从容中道，圣人也。"因此，圣人的行为不仅应符合"天道"的要求，而且应以实现"天道"的要求为己任。人生活在天地之中，不应取消极态度，而应"自强不息"，"天行健，君子以自强不息"，体现宇宙大化的流行。这样人就会对自己有个要求，有个做人的道理，有个高尚的精神境界。其中最重要的就是要做到"知行合一"，有个道德修养上的知行统一观。

《大学》的三纲领八条目就是说的这个道理。它说："大学之道，在明明德，在亲民，在止于至善""古之欲明明德于天下者，先治其国。欲治其国者，先齐其家。欲齐其家者，先修其身。欲修其身者，先正其心。欲正其心者，先诚其意。欲诚其意者，先致其知。致知在格物。物格而后知至，知至而后意诚，意诚而后心正，心正而后身修，身修而后家齐，家齐而后国治，国治而后天下平。"从"格物致知"到"治国平天下"，这是一个认识过程，更是一个实践的过程。人应该有理想，最高的理想是"致太平"，使人类社会达到"大同"境地。为此，儒家提出一个"大同世界"的理想，而"大同世界"的基本要求首先是每个人都应对自己有个做人的要求，要有个做人的道理，要能"己所不欲，勿施于人"。孔子说："吾道一以贯之。"理想的"大同世界"能否达到自然是个问题，但人们应有这个要求，并从中得到做人的乐趣。要"做人"，也要有"做人"的乐趣，要能在生活中领略天地造化之功；要真正领略天地造化之功，就必须在再现"天地造化之功"中表现人的创造力，表现人的精神境界，表现人之所以为人，使文成"至文"、画成"神品"、乐成"天籁"。所以艺术的要求应是"情景合一"。

当人进入这一创造的境界，将是真、善、美合一的境界，人生的意义、人类最高的理想正在于此。孔子说他自己"七十而从心所欲，不逾矩"，大概就是中国古代思想家所追求的这种境界。他们以为自己的一切言行和整个宇宙、人类社会、他人和自我的身心内外都和谐了，这种境界是真、善、美合一的境界，自然也就是所谓"圣人"的境界了。中国儒家哲学如果说有其一定的价值，也许就在于它提出了一种"做人"的道理。它把"人"（一个在特定关系中的"人"）作为自然和社会的核心，因此加重了人的责任感。在中国古代的贤哲看来，"做人"是最不容易的，做到和自然、社会、他人以及自我的身心内外的和谐就更不容易。对这种"做人的责任感"似乎应给以充分的理解并在改造的基础上加以继承。

中国传统哲学对中华民族的民族心理曾有着深刻的影响，它凝结成中华民族的一种特殊的心理特性。这种特殊的心理特性在过去长期影响着我们这个民族的各个方面，它既表现了中华民族思想文化传统的优点，也表现了某些缺点。儒家哲学凝聚而成并长期影响着我们这个民族的或许有以下四个方面，即空想的理想主义、实践的道德观念、统一的思维方式、直观的理性主义。

（1）儒家哲学中的主要哲学家大都对现实社会抱着一种积极的热诚的态度，企图用他们的学说、他们的理想来转化现实政治，然而他们的学说、理想不仅转化不了现实政治，而且往往被用来作为粉饰现实政治的工具。"大同"或"致太平"的思想几乎成了中国古代人们所普遍追求的一种理想。儒家思想中有，道家的思想中也有；统治阶级希望有"太平盛世"，被压迫的劳动人民也期望有"太平世界"。儒家的经典《礼记·礼运》勾画出一个"大同世界"的蓝图；有的帝王以"太平"为年号；有的帝王自称为"太平皇帝"；有些农民起义也以"太平"相号召，东汉末的黄巾起义以"太平道"为其组织形式，宋朝的农民起义以"杀尽不平，享太平"为宗旨，一直到近代洪秀全领导的农民起义军仍号"太平军"，国号"太平天国"。可见，"致太平"的"大同世界"在过去的时代里多么深入人心！但真正的"太平盛世"从来就没有实现过。由此可见，中国传统思想的"理想主义"带有很大的空想成分。那些先哲虽然可能是真诚地提倡他们的"治国平天下"的理想，可是他们的那一套并没有现实的可能性。不仅如此，所谓"治国平天下"的理想归根结底不过是理想化的皇权专制社会。

（2）儒家哲学有着人本主义的倾向，它不仅和"神本主义"占统治地位的西方中世纪不同，而且，也和西方近世的人本主义有区别。西方的人本主义把"人"作为单个的个人，强调个性解放，有强烈的个人主义色彩，而中国过去社会里的"人本主义"可以说是一种"道德的人本主义"。它把"人"放在一定的关系中加以考察。因此，有所谓君臣、父子、夫妇、兄弟、朋友五伦，讲什么"君义臣忠""父慈子孝"等。不仅如此，儒家哲学还把"人"作为核心，从"人"的方面来探讨"人"和"宇宙"（天）的关系，特别强调"天"和"人"的统一性（"天人合一"）。它一方面用"人事"去附会"天命"（天道），要求人去体现"天道"之流行；另一方面又往往把"人"的道德性加之于"天"，使"天"成为一理性的、道德的化身，而"天理"的基本内容则是仁、义、礼、智、信等至善的德行。这样一来，"天"虽然作为客体与"人"相对，但又带有"人"的强烈的主体性。

由于儒家哲学讲"知行合一"，即要实现"天理"，而"天理"是一"至善的表德"，所以人们的实践活动最根本的是道德实践。而最高的艺术作品又必须以"至善"为前提，即所谓"尽善尽美"。可见，中国传统哲学注意了伦理道德在社会生活中的重要意义，特别强调"知"和"行"必须统一，这有其可取的一面。但是，赋予"天"以道德性，把道德实践活动作为最根本的实践活动，这就很难解决社会生活中存在的种种矛盾，这是一种历史唯心主义。在中国过去的社会里，往往把医学、天文历算、农业技术等看成是"小技"，而"身心性命之学"才是"大道"。不大重视对客观世界的研究，因此认识论方面的理论不发展，甚至可以说没有建立起完整的系统的认识论体系；对人的心理活动的分析也较为笼统；逻辑学的发展也不够充分，缺少系统的推理理论。

（3）儒家哲学中的重要哲学家（除个别外）大都把建立一个和谐统一的社会作为自己的责任，因此在中国传统哲学中虽有丰富的辩证法思想，但往往以矛盾的调和为终点。中国传统哲学的理论思维方式，从一开始就注重一对概念的统一关系或诸种概念的相互关系。《易经》系以乾、坤（后来以阴、阳）为一对对立统一的概念，而《洪范》则以五行之间的对立统一关系立论。特别是到春秋战国时期，"天"和"人"作为一对哲学概念被提出后，儒家哲学就较多地注重"天"和"人"的统一的一面。这种思想方式自有其合理性，因为强调统一，强调和谐，而反对"过"与"不及"，在一定条件下有利于社会的稳定和发展，有利于人们注意研究事物之间的联系。但是，这种思维方式也有很大的缺陷，它过分地强调社会的和谐和统一，是使我们的专制社会长期停滞、资本主义萌芽生长缓慢的一个原因。

儒家哲学之所以缺乏系统的认识论和逻辑学，就在于它的理论思维往往是一种没有经过分疏的总体观，它虽包含着相当丰富的真理颗粒，但由于缺乏必要的分析和论证，因而不容易发展成现代科学。因此，必须对儒家哲学的思维方式加以改造，继承、发扬和重视事物之间的联系，强调事物之间的统一与和谐等思维传统，并把它建立在坚实的逻辑论证和科学的认识论的基础上。同时应该注意分析，把西方现代哲学（特别是分析哲学）的某些方法吸收过来，取中西哲学之长，避中西哲学之短，建立新的现代儒家哲学体系。

（4）与上述问题相联系，儒家哲学有一种直观的理性主义的倾向。在儒家哲学中，有注重"经验"的，有注重"理性"的，有两者同时并重或有所偏重的。这里说的儒家哲学有一种直观的理性主义的倾向，是就其发展的趋势说的，不是一概而论。中国古代哲学家大都很注重"心"的作用，是从积极地发挥人的主观能动性方面着眼。在先秦，孟子提出："耳目之官不思，而蔽于物。物交物，则引之而已矣。心之官则思，思则得之，不思则不得也。此天之所与我者。先立乎其大者，则其小者弗能夺也。此为大人而已矣。"所以扩充"心"的作用则"足以保四海；苟不充之，不足以事父母"。荀子说："心者，形之君也，而神明之主也，出令而无所受令。"但对于为什么"心"有这样的作用则没有什么具体的说明。

到宋以后，无论是儒家的唯物主义还是唯心主义也都十分重视"心"的作用。唯物主义哲学家张载的《正蒙》中有《大心》一篇专门讨论了"心"的作用，他说"大其心则能体天下之物"。唯心主义哲学家程颐说："尽己心则能尽人尽物。"朱熹认为，"理"具于"心"，如能充分发挥"心"的作用以穷物理，则因物理而可使"心之全体大用无不明"，所以他说："心包万理，万理具于一心，不能存得心，不能穷得理。"至于陆王心学更强调"心"的作用，无复多论。王夫之虽然主张感性认识和理性认识不可偏废，但他也特别强调"心"的作用，如他说："目所不见之有色，耳所不闻之有声，言所不及之有义，小体之小也。至于心而无不得矣；思之所不至而有理，未思焉耳。故曰'尽其心者知其性'。心者，天之具体也。"他还说："万物皆有固然之用，万事皆有当然之则，所谓理也。……具此理于中，而知之不昧、行之不疑者，则所谓心也。……故理者人心之实，而心者即天理之所著所存者也。"理就是心的实在的内容，心就是天理所在之处。由此可以看出王夫之仍受朱熹的"理具于心"的影响。

儒家哲学强调"心"（理性）的作用，自有其可取之处。强调"心"的作用，即强调人的主动性，强调人在宇宙中的核心地位，而人之所以能是宇宙的核心，正在于人有"明德"之心。人的理性又是带有道德性的，宋儒认为"仁"是心之体，可见儒家哲学有道德理性主义的倾向。但是，对于为什么"心"有如此之作用、如此之特性的问题，则很少分析；对"心"的作用的过程（心理活动之过程）更缺乏具体分析，致使儒家哲学成为一种直观的道德理性主义。

一个民族既然能长期存在，并有其不间断的历史和思想文化传统，必有其存在的道理，其传统思想文化亦必有其特定的价值，如何把它的思想文化中的优秀方面发扬起来，如何克服和扬弃其消极方面，对这个民族的发展至关重要。

二

四十年前，沈有鼎先生在英国牛津大学做研究时，曾给国内朋友写过一封信，在这封信中他说：

康德的价值论和黑格尔的价值论有一个重要不同点，如下图所示：

康德：善←美←真

黑格尔：真←美←善

从这里可以看出康德是中国人，黑格尔是印度人（或希腊人）。[1]

沈先生这个论断非常有见地，并富有创发性。从中国传统哲学的主流儒家思想看确实如此。现在我想以孔子为例解说沈先生的看法。但是如果从中国传统哲学的不同学派或不同哲学家看就不全然是如此了。

子曰："知之者不如好之者，好之者不如乐之者。"（《论语·雍也》）知，要有对象（客体），求真；知，客体是客体，主体是主体。好，是一种享受，客体入于主体；乐，是主体进入客体，必须实践，要"乐善好施"，以至于"乐以忘忧，不知老之将至"（《论语·述而》），在实践中要超越自我、世俗、生死等，达到与天为一的最高之善的境界。"知"是理智的问题，"好"

---

[1] 《哲学评论》，十卷六期，1947年8月。

是情感的问题,"乐"是理智和感情的结合。这大概是孔子对"知""好""乐"的层次高低的看法。在《论语》中记载着孔子的一段话,他说:"吾十有五而志于学,三十而立,四十而不惑,五十而知天命,六十而耳顺,七十而从心所欲,不逾矩。"我们知道,孔子和儒家都认为,人们的生死和富贵不是能靠其自身的努力追求到的,但人们的道德和学问高低却依其自身的努力追求而有不同。

上面引的孔子那段话可以说是孔子对他一生的生活道路的描述,或者说是他一生修养的过程、成"圣人"的路径,也就是孔子本人对"真、善、美"的追求和了解。从"十有五而志于学"到"四十而不惑"可以说是他成圣成贤的准备阶段,从"知天命"到"从心所欲,不逾矩"可以说是他成圣人的一深化过程。"知天命"可以解释为对"天"(宇宙人生的终极关切问题)有了一种认识和了解,这也许可以算是"求真"的范围,因为这一阶段孔子仍然把"天"看成认识的对象,还没有达到"同于天"的阶段,也就是说还没有达到与"天"合一的境界,只是在追求着"天人合一"的境界。郭象在《庄子序》中说:"夫庄子者,可谓知本矣。……言虽无会而独应者也。夫应而非会,则虽当无用。"盖能与天地万物之本体相应者自可谓"知"本,既为"知"本,则仍与天地万物之本体为二，仍把天地万物之本体视为认识之对象，此尚未与天地万物之本体会合为一，故虽"知本"仍未能"从心所欲，不逾矩"也。此境界虽已甚高，但"虽高不行"，而未能以"体用如一"也。[1]

"六十而耳顺"这句话向来有不同解释，杨伯峻先生在《论语译注》中说："'耳顺'这两个字很难讲，企图把它讲通的也有很多人，但都觉牵强，译者姑作如此解释。"杨先生是做这样解释的："六十岁，一听别人的言语，便可分别真假，判明是非。"我认为，杨先生的理解大概是符合孔子原意的，但自古以来却也有多种解释，例如晋李充说"耳顺"是"心与耳相从"，这也许是杨先生的解释所本。晋孙绰用玄学思想解释说："耳顺者，废听之理也，朗然自玄悟，不复役而后得，所谓'不识不知，顺帝之则'。"这应是一种非由耳目经验所得，而是由超乎经验的直觉而得宇宙大全之理的境界，是一"内在而超越"的境界。照现在解释学的看法，凡是对前人思想的解释都有解释者的意见在内，不过解释和被解释之间总有某些联系，否则也就无所谓"解释"了。历来的思想家对孔子思想的解释大都是如此。这

---

[1] 汤用彤：《向郭义之庄周与孔子》，《汤用彤全集》，第四卷。

里，我打算引用朱熹对这句"六十而耳顺"的解释，他说："声入心通，无所违逆，知之之至，不思而得也。"（《四书集注》）"声入心通"当和"声音"有关（"有音之声"和"无音之声"都可以包括在内）；"知之之至"是智慧的极高层次，是由"转识成智"而得，因此它是超于"知天命"的境界，这种境界与"知天命"的境界不同，它是"不思而得"的，所以是超于知识的。

那么，这种境界是一种什么样的境界呢？我认为它可以解释为一种直觉的审美境界，所得到的是一种超于经验的直觉意象，也可以说是一种艺术的境界，"美"的境界。这种对"六十而耳顺"的解释或许"牵强"，但照伯峻的看法，自古以来对"耳顺"的"解释"大都牵强，我的这一解释无非是在诸多的解释中再增加上一种"牵强"的解释而已。但是我的这种解释自信也不能说全无道理，特别是由哲学的观点看它或许是有新意的。而且在解释中，如果是有价值的，它一定为原来的意思增加了点什么，如果不增加点什么，就没有新意了。我们知道，孔子对音乐很有修养，他"在齐闻《韶》，三月不知肉味"，"三月不知肉味"自然是"不思而得"的一种极高的审美境界。孔子还对他所达到的这种境界有所说明，他说："不图为乐之至于斯也。"想不到听音乐竟能达到这种境界。这种境界是一种超越的美的享受。

"七十而从心所欲，不逾矩"，朱熹注说："矩，法度之器，所以为方者也。随其心之所欲而自不过于法度，安而行之，不勉而中也。"盖此即"体用如一"的圣人境界，其言行即是"法度"，自同"天道"。故此"从心所欲，不逾矩"的境界是与天地万物为一体的境界，它是在"知真""得美"而后达到一圆满"至善"的境界。孔子把"尽善尽美"看成高于"尽美"，《论语》中记载："子谓《韶》，'尽美矣，又尽善也'；谓《武》，'尽美矣，未尽善也'。"这里"尽善"是说的"极好"，但说事物"极好"或"尽善"总在一定程度上（至少儒家是如此）和道德的价值判断联系在一起。孟子说："充实之谓美。"此处的"美"实也含有某种道德价值判断的意义。朱熹注说："力行其善，至于充满而积实，则美在其中，而无待于外矣。""善"是一种内在的"美"，人格美。看来，朱熹认为"善"从某方面说可以包含"美"，"尽善"之所以高于"尽美"，实因"尽善"即是"尽善尽美"。这里我们似乎可以说，孔子的人生境界（或圣人的境界）是由"知真""得美"而进于"安而行之，不勉而中"的"圆满至善"的境界，即由"真"而"美"而"善"。

"善←美←真"正是康德哲学的特点。照康德看，实践理性优于思辨理性。他的《纯粹理性批判》所研究的是以理智行使职能的**现象界**为对象，它受自然必然律支配；《实践理性批判》所研究的是以理性行使职能的本体为对象，它不受必然律支配，它是自由的。前者是自然，后者是道德。前者属于理论认识的范围，后者属于道德信仰的范围，而两者之间无法直接沟通。因此就有一个问题，如何在理论认识（认识论）与道德信仰（伦理学）两者之间架起一座桥梁，使之得以沟通，这就是康德哲学所必须解决的一个问题，于是他又写了《判断力批判》。在该书的开头处他写道："在自然概念的领域，作为感觉界，和自由概念的领域，作为超感觉界之间，虽然固定存在着一个不可逾越的鸿沟，以致从前者到后者（即以理性的理论运用为媒介）不可能有过渡，好像是那样分开的两个世界，前者对后者绝不能施加影响；但后者却应该对前者具有影响，这就是说，自由概念应该把它的规律所赋予的目的在感性世界里实现出来；因此，自然界必须能够这样地被思考着：它的形式的合规律性至少对于那些按照自由规律在自然中实现目的的可能性是互相协应的。——因此，我们就必须有一个作为自然界基础的超感觉界和在实践方面包含于自由概念中的那些东西的统一体的根基。虽然我们对于根基的概念既非理论地、也非实践地得到认识的，它自己没有独特的领域，但它仍使按照这一方面原理的思想形式和按照那一方面原理的思想形式的过渡成为可能。"[1]康德认为，正是判断力把理智（纯粹理性）与理性（实践理性）联合起来，而判断力既略带有理智的性质，也略带有理性的性质，又不同于两者。康德把人的心灵分为知、情、意三个部分。有关"知"的部分的认识能力是理智，这是纯粹理性；有关"意"的部分的认识能力是理性，这是超于经验之上的实践理性；有关"情"的部分的认识能力，则正是康德所说的"判断力"。由于"情"介于"知"和"意"之间，它像"知"一样地对外物的刺激有所感受，它又像"意"一样地对外发生一定的作用，所以判断力就介于理智与理性之间。一方面，判断力像理智，它所面对的是个别的局部的现象；另一方面，它又像理性一样，要求个别事物符合一般的整体的目的。这样，面对局部现象的理解力，和面对理念整体的理性，就在判断力上碰头了。判断力要求把个别纳入整体中来思考，所以判断力能够作为桥梁，来沟通理智和理性。[2]从而康德就建构了他的哲学"善←美←真"的三部曲。

当然，孔子的哲学和康德的哲学从价值论上看确有

---

[1] 康德：《判断力批判》。
[2] 参见李泽厚：《批判哲学的批判》；蒋孔阳：《德国古典美学》。

其相似之处，但是他们建构的哲学目标则是不相同的。孔子无非是建构一套人生哲学境界的形态，而康德则是要求建立一完满的知识理论体系的形态。这也许可以视为中西哲学的一点不同吧！如果我们把孔子这一由"知天命"到"耳顺"而达到"从心所欲，不逾矩"的过程和我所概括的中国传统哲学观"真""善""美"的基本命题相对照，也许可以说"五十而知天命"是追求"天人合一"的层次，"六十而耳顺"是达到"情景合一"的层次，"七十而从心所欲，不逾矩"则是实践"知行合一"的境界。"天人合一"属于"智慧"（知）的方面，"情景合一"属于"欣赏"（情）的方面，"知行合一"属于"实践"（意）的方面。照儒家看，这三者是不可分的。

做人既要了解宇宙大化之流行，又要能欣赏天地造化之功，更应在生活实践中再现宇宙的完美完善。就以上的分析看，孔子的"知天命""耳顺""从心所欲不逾矩"都是就人生境界的追求说的，它是孔子对自己追求"真""美""善"的总结。

论儒学与中华民族的复兴

一、儒学的"反本开新"

我们为什么要编著一部《中国儒学史》,这是由于中华民族正处在伟大民族复兴的进程之中。民族的复兴必然与民族文化的复兴相关联,而"儒学"在我国的历史上曾居于主流地位,影响着我国社会生活的方方面面。因此,儒学的复兴和中华民族的复兴是分不开的,这是由历史原因形成的。儒学自孔子起就自觉地继承着夏、商、周三代的文化,从历史上看它曾是中华民族发育、成长的根,我们没有可能把这个根子斩断。如果我们人为地把中华民族曾经赖以生存和发展的根子斩断,那么中华民族的复兴就没有希望了。因此,我们只能适时地在传承这个文化命脉的基础上,使之更新。

就目前我国发展的实际情况看，我估计在二十一世纪儒学作为一种精神文化在中国甚至在世界（特别是在东亚地区）将会有新的发展。为什么儒学会有一个新的发展？原因当然是多方面的，有政治的、经济的原因，但与"西学"（主要指作为精神文化的西方哲学等）对中国传统文化（特别是儒学）所进行的全方位的冲击有着密切的关系。回顾一百多年来中国的历史，在相当长的时期里，中国文化（"中学"）在与西方文化（"西学"）的搏击中节节败退，"全盘西化"（或"全盘苏化"）占尽上风，甚至"打倒孔家店"成为某些中国知识分子标榜"进步"的口号。可是在这样艰难的"中学"日衰的形势下，中国仍然有一代又一代的学人一方面坚忍地传承着中国文化的优秀传统，另一方面又以广阔的胸怀融合着"西学"的精华。他们深信"中学"特别是"儒学"不会断绝，自觉地承担着中国传统文化"存亡继绝"的复兴中国文化的使命。因此，正是由于"西学"对中国文化的冲击，使得我国学者得到对自身文化传统有个自我反省的机会。我们逐渐知道，在我们的文化传统中应该发扬什么、应该抛弃什么以及应该吸收什么。因而在长达一百多年中，我们中国人在努力学习、吸收和消化"西学"，这为儒学从传统走向现代奠定了基础。

新的现代儒学必须是能为中华民族的复兴、能为当今人类社会"和平与发展"的前景提供有意义的精神力量的儒学;应该是有利于促进各民族团结、友好、互信、互助、和睦相处的大家庭的儒学;新的现代儒学应该是"反本开新"的儒学。"反本"才能"开新","反本"更重要的是为了"开新"。"反本"必须对儒学的源头有深刻的了悟,坚持自身文化的主体性。我们对儒学的来源及其发展了解越深入,它才会在新世纪越有强大生命力。"开新"要求我们全面、系统地了解当今人类社会所面临的亟待解决生存和发展的重大问题和思想文化发展的总趋势,这必须对儒学做出适时的、合乎时代的新解释。"反本"和"开新"是不能分割的,只有深入发掘儒家思想的真精神,我们才可能适时地开拓儒学发展的新局面;只有敢于面对当前人类社会存在的新问题,才能使儒学的真精神得以发扬和更新,使儒家在二十一世纪的"反本开新"中"重新燃起火焰",以贡献于人类社会。

二、儒学与"新轴心时代"

在当今世界处于全球化的形势下,人类社会面临的是一个大变动的时代。正因为在这人类社会处于全球化的时代,使得各国、各民族在政治、经济、文化诸多方面处在极其错综复杂、矛盾重重的关系之中。人类社会如何从这种复杂的矛盾关系之中找出一条出路?在进入第三个千年之际,世界各地的思想界出现了对"新轴心时代"的呼唤,这就要求我们更加重视对古代思想智慧的温习与发掘。回顾我们文化发展的源头,希望从人类的历史文化智慧中找出一条能使世界走上健康合理的"和平与发展"道路,这无疑是各国人民所希望的前景。

关于"轴心时代"的观念是由德国哲学家雅斯贝尔斯(1883—1969)提出的。他认为,在公元前五百年前后,在古希腊、以色列、印度、中国、古波斯都出现了伟大的思想家。古希腊有苏格拉底、柏拉图,以色列有犹太教的先知,印度有释迦牟尼,中国有孔子、老子,古波斯有索罗亚斯德,形成不同文化传统。这些文化起初并没有互相影响,都是独立发展起来的。这些文化传统经过两千多年的发展,在相互影响中已成为人类文明的共同精神财富。雅斯贝尔斯说:"直至今日,人类一直靠轴心期所产生、思考和创造的一切而生存。每一次新的飞跃都回顾这一时期,并被它重燃火焰。自那以后,情况就是这样。轴心期潜力的苏醒和对轴心期潜力的回忆,或曰复兴,总是提供了精神动力。对这一开端的复归是中国、印度和西方不断发生的事情。"[1]例如，我们知道，欧洲的文艺复兴就是把其目光投向其文化的源头古希腊，而使欧洲文明重新燃起新的光辉，而对世界产生重大影响。中国的宋明理学（新儒学）在印度佛教文化的冲击后，充分吸收和消化了佛教文化，再次回归先秦孔孟而把中国儒学提高到一个新的水平，并对朝鲜半岛、日本、越南的文化产生过重大影响。

在人类社会进入新千年之际，人类文化是否会有新的飞跃？雅斯贝尔斯为什么特别提到中国、印度和西方对轴心期的回忆，或曰"复兴"的问题？这是不是意味着，中华文化又有一次"复兴"的机会？我认为，答案应是肯定的。当前，中华民族正处在民族的复兴过程之中，而民族的复兴要以民族文化的复兴为精神支柱，毋庸讳言，"国学热"的兴起，可以说预示着，我们正在从传统中找寻精神力量，以便创造新的中华文化，以"和谐"的观念贡献于人类社会。我们可以看出，自二十世纪末，我国学术界出现了对中国传统文化研究重视的趋势，而进入二十一世纪逐渐成为一种社会潮流。读经、读古典诗词、恢复优良的道德修养传统蔚然成风，不少

---

[1] [德]卡尔·雅斯贝尔斯著，魏楚雄、俞新天译：《历史的起源与目标》。

中小学设有读《三字经》《弟子规》《论语》《老子》等的有关课程，社会各阶层、团体、社区也办起了读古代经典的讲习班和讲座等。我们应特别注意的是，中国一批知识分子在深入研究中国自身文化传统的同时，对当今世界文化发展的总趋势更加关注和有较深入的研究了。他们知道，中国文化必须在传承中更新，这样中国文化才得以真正"复兴"，而"重新燃起新的火焰"。我们还可以看到世界各国人民对中国文化的重新认识和欢迎，两百多所孔子学院的建立，儒学经典将要被译成外国的八种文字，这无疑可以说是儒学在"新轴心时代"得以"复兴"的明证。

我认为，中国文化必须在坚持自身文化的主体性中"复兴"，必须在吸收其他各民族文化特别是西方先进文化的优秀成果中"复兴"，必须在深入发掘中国文化的特殊价值以贡献于人类社会中"复兴"，当然也必须在努力寻求我们民族文化具有"普世价值"意义的资源中"复兴"。因此，我们期待着和各国的学者一起为建设全球化形势下文化上的"新轴心时代"的早日到来而努力。

在欧洲，经过解构性的后现代主义对"现代性"思潮的批判之后，出现了以过程哲学为基础的"建构性的后现代主义"，他们认为："建构性的后现代主义对解构性的后现代主义的立场持批判态度……以建构一个所有生命共同福祉都得到重视和关心的后现代世界。"[1]建构性的后现代主义者还认为，在崭新的时代，每个人的权利都获得尊重，如果说第一次启蒙的口号是"解放自我"，那么新世纪的第二次启蒙的口号则是尊重他者、尊重差别，他们提出"人和自然是一生命共同体"的宇宙有机整体观，以此反对"现代二元论的科学主义和工具理性"。里夫金在他的《欧洲梦》中强调，在崭新的时代，每个人的权利都获得尊重，文化的差异受到欢迎，每个人都在地球可以维持的范围内享受着高质量生活（不是奢侈生活），而人类生活在安定与和谐之中。[2]

因此，他们认为，必须对自身的前现代传统某些观念加以重视，要重视两千多年前哲人的智慧。印度在1947年取得了独立。在它争取独立的过程中，许多民族运动的领袖都把印度的传统思想作为一种精神武器。国大党的领袖甘地已采取把印度教和民族运动结合在一起的策略，因此国大党在指导思想和人员构成上

---

1 《为了共同的福祉——约翰·科布教授访谈》（王晓华访问记），载上海《社会科学报》，2002年6月13日。
2 杰里米·里夫金著，杨治宜译：《欧洲梦》序言，重庆出版社2006年版。

都有明显的印度教特征。[1]二十世纪中期印度思想家戈尔瓦卡就提出：印度必须建立强大的印度教国家，他特别强调"印度的文明是印度教的文明"。[2]他们认为，只有把印度人民的宗教热忱和宗教精神注入政治中，才是印度觉醒和复兴的必要条件。因此，印度民族的复兴必须依靠其自身印度教的思想文化传统。印度人民党同样崇奉印度教，它是一种以"印度文化为核心的民族主义或者称为'印度教特性'"。他们认为，"可将印度现在同过去的光辉连接起来""以印度教意识和认同来重建印度"。[3]人民党的思想家乌帕迪雅耶提出的"达摩之治论"就是要把印度教"种姓达摩"观念与现代人道主义思想结合起来，其目的是要用这种学说来捍卫印度教的传统文明和精神，抵御西方文化的侵袭和影响。国大党和人民党交替执政，就说明印度教在印度的复兴。[4]这有力地说明印度正是"新轴心时代"兴起的一个重镇。这是不是可以说，在全球化的情况下，中国、印度和欧

---

1 丁浩：《浅析近代印度国大党的教派主义倾向及其影响》，载《重庆科技学院学报》（社会科学版），2007年第1期。
2 汝信总主编：《世界文明大系·印度文明》，中国社会科学出版社2004年版。
3 曹小冰：《印度特色的政党和政党政治》，当代世界出版社2005年版。
4 汝信总主编：《世界文明大系·印度文明》，福建教育出版社2008年版。

洲都处在一个新的变革时期，它们都将再一次得到"复兴"的机会？我认为，雅斯贝尔斯的看法是有远见的。这里，我必须说明，我并没有要否定其他民族文化也同样将会得到"复兴"的机会，如拉美文化、中东北非地区的伊斯兰文化等，但是，无论如何，中国、印度、欧洲（欧盟）的"复兴"很可能预示着"新轴心时代"的到来。

三、儒学的三个视角

在这可能即将出现的"新轴心时代"，面对着与两千多年前的那个"轴心时代"完全不同的形势。全球化已把世界连成一片，任何国家、任何民族所要解决的不仅是其自身社会的问题，而且要面向全世界。因此，世界各国、各民族理应将会出现带人类社会走出困境的大思想家或跨国大思想家集团。实际上，各国、各民族的有些思想家已正在思考和反省人类社会如何走出当前的困局，迎接一个新时代的种种问题。在此情况下，各国、各民族的历史文化经验和智慧，无疑是十分重要的。因此，对影响中国社会两千多年历史的主流文化"儒学"应有一总体的认识和态度是很必要的。

由于儒学是历史的产物，有两千多年的历史，因此对它有种种不同的看法应该说是很自然的。在今天全球化、现代化的时代，我们应该或可能怎样看儒学，我认为也许可以从三个不同的角度来考察儒学：一是政统的儒学，二是道统的儒学，三是学统的儒学。

（1）政统的儒学：政治化的儒学曾长期与中国历代专制政治结合，所提倡的"三纲六纪"无疑对专制统治起过重要作用。儒家特别重视道德教化，因而对中国社会在一定程度上起着稳定的作用。但是，把道德教化的作用夸大，使中国重"人治"而轻"法治"，而且很容易使政治道德化，而美化政治统治；又使道德政治化，使道德成为为政治服务的工具。当然，在专制政治统治的压迫下，儒家的"以德抗位""治国平天下"的"王道"理想也并非完全丧失。不过总的说来，政治的儒学层面对当今的社会而言可继承的东西并不太多，它存在着较多的问题。

（2）道统的儒学：任何一个成系统有历史传承的学术派别，必有其传统，西方是如此，中国也是如此，从中国历史上看，儒、道、释三家都有其传统。儒家以传承夏、商、周三代文化为己任，并且对其他学术有着较多的包容性，他们主张"万物并育而不相害，道并行而不相悖"，但既成学派难免就会有排他性。因此，对"道统"的过分强调就可能形成对其他学术文化的排斥，而形成对异端思想的压制。在历史上某些异端思想的出现，恰恰是对主流思想的冲击，甚至颠覆，这将为新的思想发展开辟道路。

（3）学统的儒学：是指其学术思想的传统，包括它的世界观、思维方法和对真、善、美境界的追求等。虽不能说儒学可以解人类社会存在的一切问题，但儒学在诸多方面可对人类社会提供有意义的、较为丰厚的资源是无可否认的，应为我们特别重视。我这样区分，并不是说这三者在历史上没有关系，甚至可以说它们在历史上往往是密不可分的，只是为了讨论方便，为了说明我们应该更重视哪一个方面。基于此，我认为，当前甚至以后，儒学的研究不必政治意识形态化，应让学术归学术；而且儒学应更具有"海纳百川"的气度，在与各种文化的广泛对话中发展和更新自己。

既然我们对儒学要特别重视的是其"学统"，那么我们应该如何从"学统"的角度来看儒学？我有以下四点看法。

（1）要有文化上的主体意识。任何一个民族的生存与发展必须植根于自身文化土壤之中，必须有文化上的自觉，只有对自身文化有充分的理解和认识、保护和发扬，它才能适应自身社会合理、健康发展的要求，它才有吸收和消化其他民族文化的能力。一个没有能力坚持自身文化的自主性的民族，也就没有能力吸收和融合其他民族的文化以丰富和发展其自身文化，它将或被消灭，或被同化。

（2）任何文化要在历史长河中不断发展，必须不断地吸收其他民族文化，在相互交流与对话中才能得到适时的发展和更新。罗素说得对："不同文明的接触以往常常成为人类进步的里程碑。"[1]在历史上，中华文化有着吸收和融合外来印度佛教文化的宝贵经验，应该受到重视。在今天全球化的时代，面对西方的强势文化，我们应更加善于吸收和融合西方文化和其他各民族的优秀文化，以使中华文化更具有世界意义。

（3）社会在不断发展，思想文化在不断更新，但古代思想家提出和思考的文化（哲学）问题，他们思想的智慧之光，并不因此就过时，有些他们思考的问题和路子以及理念可能是万古常新的。在雅斯贝尔斯《大哲学家》一书中，他认为：在科学方法的运用上，我们可以说我们所处的时代是超过了亚里士多德，但就哲学本身而言，我们很难再达到苏格拉底和柏拉图的水准。哲学

---

[1] [英]罗素：《中西文明的对比》，见[英]罗素著、秦悦译：《中国问题》，学林出版社1996年版。

历史的某些发展是显而易见的，但我们并不能由此得出结论说，后代的哲学家就一定超过前代。[1]

（4）任何历史上的思想体系，甚至现实存在的思想体系，没有完全正确的，没有放之四海而皆准的绝对真理的学说，它必然有其局限性，其体系往往包含着某些内在矛盾，即使其中具有普遍意义（价值）的精粹部分也往往要给以合理的现代诠释。恩格斯在《反杜林论》中说："在黑格尔以后，体系说不可能再有了。十分明显，世界构成一个统一的体系，即有联系的整体。但是对这个体系的认识是以对整个自然界和历史的认识为前提的，而这一点是人们永远达不到的。因而，谁要想建立体系，谁就得用自己的虚构来填补无数空白，即是说，进行不合理的幻想，而成为观念论者。"[2] 这里所说的"体系"是指那种无所不包的、自以为是放之四海而皆准的"绝对真理"。"绝对真理"往往都是谬误之论。

---

1 李雪涛：《论雅斯贝尔斯的世界哲学及世界哲学史的观念——代"译序"》，见 [德] 雅斯贝尔斯著，李雪涛主译：《大哲学家》，社会科学文献出版社 2005 年版。

2 [德] 恩格斯：《世界是有联系的整体·对世界的认识》，见北京大学哲学系编：《恩格斯著〈反杜林论〉参考资料》附录，1964 年版。

罗素在其《西方哲学史》中说："不能自圆其说的哲学绝不会完全正确，但是自圆其说的哲学满可以全盘错误。最富有结果的各派哲学向来包含着显眼的自相矛盾，但是正为了这个缘故才部分正确。"[1]我认为这两段话对我们研究思想文化都很有意义。因为任何思想文化都是在一定历史条件下产生的，它不可能完全解决人类社会今天和明天的全部问题，就儒学来说也是一样的。正因为儒学是在历史中的一种学说，才有历代各种不同诠释和批评，而今后仍然会不断出现新的诠释、新的发展方向、新的批评，还会有儒家学者对其自身存在的内在矛盾的揭示。在人类社会进入全球化时代，不断反思儒学存在的问题（内在矛盾），不断给儒学新的诠释，不断发掘儒学的真精神中所具有的普遍性意义和特有的理论价值，遵循我们老祖宗的古训"日日新，又日新"，自觉地适时发展和更新其自身，才是儒学得以复兴的生命线。

四、儒学与"和谐社会"建设

在二十一世纪初，我国提出建设"和谐社会"的

---

[1] ［英］罗素著，马元德译：《西方哲学史》下册，商务印书馆2017年版。

要求，这对人类发展的前景十分重要，它会对人类社会健康合理生存产生深远影响。我们知道，"和谐"是儒学的核心概念，在我国传统儒学中包含着"和谐社会"的理想以及可以为建设"和谐社会"所提供的大量有意义的思想资源。《礼记·礼运》中的"大同"思想可以说已为中华民族勾画出一幅"和谐社会"理想的蓝图。《论语》中的"礼之用，和为贵"，将会对调节人与人之间的关系有着重要的意义；"和而不同"，又可以为不同民族之间的"和平共处"提供某种理据。《中庸》中的"中和"思想，要求在各种关系之间掌握适合的度，以达到万事万物之"和谐"的根本。特别是《周易》中的"太和"[1]观念经过历代儒学思想家的阐发，已具有"普遍和谐"的意义。"普遍和谐"包含着"人与自然""人与人"（"人与社会""国家与国家""民族与民族"）"人的自我身心内外"等诸多方面"和谐"的意义，所以王夫之说"太和"是"和之至"，意即"太和"是最完美的"和谐"。所有这些包含在儒家经典中的"和谐"思想，为中国哲学提供了一种对人类社会极有价值的世界观和思维方式。

1　《周易·乾卦·彖辞》："乾道变化，各正性命，保合太和，乃利贞。"

复兴儒学要有"问题意识"。当前我国社会遇到了什么问题，全世界又遇到了什么问题，都是复兴儒学必须考虑的问题。对问题有自觉性的思考，对问题有提出解决的思路，由此而形成的理论才是有真价值的理论。当前，我国以及全世界究竟遇到些什么重大问题？近一两百年来，由于对自然界的无量开发、残酷掠夺，造成生态环境的严重破坏。由于人们片面追求物质利益和权力欲望的无限膨胀，造成了人与人之间以及国家与国家之间的矛盾与冲突，以至残酷的战争。由于过分注重金钱和感官享受，致使身心失调、人格分裂，造成自我身心的扭曲，吸毒、自杀、杀人已成为一种社会病。因此，当前人类社会需要解决，甚至今后还要长期不断解决的"人与自然""人与人"（"人与社会""国家与国家""民族与民族"）"人的自我身心内外"之间的种种矛盾问题，无疑是人类要面对的最大课题。其中"人"的问题是关键。

针对上面提出的三个方面的问题，我认为，儒学可以为当今人类社会提供若干有益的思想资源。

（一）儒家的"天人合一"（合天人）的观念将会为解决"人与自然"之间的矛盾提供某些有意义的思想资源。1992年世界1575名科学家发表的《世界科学家对人类的警告》说："人类和自然正走上一条相互抵触的道路。"造成这种情况不能说与西方哲学曾长期存在"天人二分"的思维模式没有关系。罗素在《西方哲学史》中说:"笛卡尔的哲学……完成了、或者说近乎完成了由柏拉图开端而主要因为宗教上的理由经基督教哲学发展起来的精神、物质二元论……笛卡尔体系提出来精神界和物质界两个平行而彼此独立的世界,研究其中之一能够不牵涉另一个。"[1]这就是说,在西方哲学中长期把"天"和"人"看成是相互独立的,研究"天"可以不牵涉"人";研究"人"也可以不牵涉"天",这可以说是一种"天人二分"的思维模式。(但进入二十世纪,西方哲学有了很大变化,已有西方哲学家打破"天人二分"的定式,如怀德海。[2])而中国"天人合一"是说在"天"和"人"之间存在着相即不离的内在关系,研究其中一个必然要牵涉另外一个。《周易》是我国一部最古老而又重要的大书,它是中国哲学的源头。《郭店楚

---

[1] [英]罗素著,马元德译:《西方哲学史》下册,商务印书馆2017年版。

[2] 《怀德海的〈过程哲学〉》(刊于2002年8月15日上海《社会科学报》)中说:"(怀德海)的过程哲学(process philosophy)把环境、资源、人类视为自然中构成密切相连的生命共同体,认为应该把环境理解为不以人为中心的生命共同体。这种新型生态伦理观,对于解决当前的生态环境危机具有重要的现实意义。过程哲学是生态女性主义的思想之根,因为生态女性主义的哲学基础是彻底的非二元论,是对现代二元思维方式的批判,而怀德海的有机整体观念,正好为它提供了进行这种批判的理论根据。"可见,现代一些西方哲学家已经对"天人二分"的二元对立的思维模式做出反思,并且提出了"自然"与"人"构成"密切相连的生命共同体"。

简·语丛一》:"易,所以会天道、人道也。"《周易》是一部会通天道、人道所以然的道理的书,也就是说它是一部讲"天人合一"的书。对如何了解"天人合一"思想,朱熹有段话很重要,他说:"天即人,人即天。人之始生,得之于天也。既生此人,则天又在人矣。"[1]

"天"离不开"人","人"也离不开"天"。人初产生时,虽然得之于天,但是一旦有了人,"天"的道理就要由"人"来彰显,即"人"对"天"就有了责任。"天人合一"作为一种世界观和思维模式,它要求人们不能把"人"看成是和"天"对立的,这是由于"人"是"天"的一部分,破坏"天"就是对"人"自身的破坏,"人"就要受到惩罚。因此,"天人合一"学说认为,"知天"(认识自然,以便合理地利用自然)和"畏天"(对"自然"应有所敬畏,要把保护自然作为一种神圣的责任)是统一的。[2]"知天"而不"畏天",就会把"天"看成一死物,不了解"天"乃是有

---

[1] 《朱子语类》,中华书局1986年版。
[2] 康德的墓志铭上写着:"有两样东西,我们愈经常愈持久地加以思索,它们愈使心灵充满不断增长的景仰和敬畏:在我们之上的星空和我心中的道德法则。"是不是说,康德也认为应对"天"有所敬畏呢?这和孔子的"畏天命"是不是有相通之处呢?

机的生生不息的刚健大流行，所以《周易·乾·象》中说："天行健，君子以自强不息。"这即是说"天"与"人"为持续发展着的"生命共同体"。"畏天"而不"知天"，就会把"天"看成外在于"人"的神秘力量，而使人不能真正得到"天"（自然）的恩惠。所以"天人合一"思想要求"人"应担当起合理利用自然，又负责任地保护自然的使命。"天人合一"这种思维模式和理念应该说可以为解决当前"生态危机"提供某些有意义的思想资源。

（二）"人我合一"（同人我）的观念将会为解决"人与人（社会）"之间的矛盾提供某些有意义的思想资源。"人我合一"是说在"自我"和"他人"之间存在着一种相即不离的内在关系。为什么"自我"和"他人"之间存在着相即不离的内在关系？《郭店楚简·性自命出》中说："道始于情"，人世间的道理（人道）是由情感开始的，这正是孔子"仁学"的出发点。孔子的弟子樊迟问"仁"，孔子回答说"爱人"。这种爱人的品质由何而来呢？《中庸》引孔子的话说："仁者，人也，亲亲为大。""仁爱"的品德是人本身所具有的，爱自己的亲人是最根本的。但孔子的儒家认为"仁爱"不能停留在只是爱自己的亲人，而应该由"亲亲"扩大到"仁民"以及"爱物"。孟子说："亲亲而仁民，仁民而爱物。"[1]所以《郭店楚简》中说:"孝之施,爱天下之民""亲而笃之,爱也;爱父,其继爱人,仁也"。如果把爱自己的亲人扩大到爱他人,那么社会不就可以和谐了?如果一个国家、一个民族的人把爱自己国家、自己民族的"爱"扩大到对别的国家、别的民族的爱,那么世界不就可以和平了吗?把"亲亲"扩大到"仁民",就是要行"仁政"。在《论语》中虽然没有出现"仁政"两字,但其中却处处体现着"仁政"思想,如"博施于民而能济众""举贤才""泛爱众""道之以德,齐之以礼"等都是讲的"仁政"。

孔子的继承者孟子讲"仁政",意义也很广泛,我认为最重要的是他说:"民之为道也,有恒产者有恒心,无恒产者无恒心。"意思是说,对老百姓的道理,要使老百姓都有一定的固定产业,他们才能有一定的道德观念和行为准则。没有一定的固定产业,怎么能让他有相应的道德观念和行为准则呢!所以孟子说:"夫仁政,必自经界始。""仁政",首先要使老百姓有自己可以耕种的土

---

[1] 《孟子·尽心上》。《中庸》中说:"唯天下至诚,为能尽其性;能尽其性,则能尽人之性;能尽人之性,则能尽物之性;能尽物之性,则可以赞天地之化育;可以赞天地之化育,则可以与天地参矣。"此可以视为孟子之"亲亲而仁民,仁民而爱物"之开展。因此,孔孟之"仁爱"学说,不仅可以为解决"人与人"之间的关系,也可以为解决"人与自然"之间的关系提供有意义的思想资源。

地。我想,我们今天要建设和谐社会,首要之事就是要使我们的老百姓都有自己的固定的产业,过上安康幸福的生活。就全人类说,就是要使各国、各民族都能自主地拥有其应有的资源和财富,强国不能掠夺别国的资源和财富以推行强权政治。所以"人"与"人"、"国家"与"国家"之间的协调和相互爱护的"人我合一"思想对建设"和谐社会""和谐世界"应是有意义的。

(三)"身心合一"(一内外)将会为调节自我身心内外的矛盾提供某些有意义的思想资源。"身心合一"是说肉体生命与精神生命之间存在着一种相即不离的和谐关系。儒家认为达到"身心合一"要靠"修身"。《郭店楚简·性自命出》中说:"闻道反己,修身者也。"意思是说,知道了做人的道理,就应该反求诸己,这就是"修身"。所以《大学》认为,"修身""齐家""治国""平天下","自天子以至于庶人,壹是皆以修身为本,其本乱而末治者否矣"。《中庸》里面也说:"为政在人,取人以身,修身以道,修道以仁。"社会靠人来治理,让什么人来治理要看他自身的道德修养,修养是以符合不符合"道"为标准,做到使社会和谐就要有"仁爱"之心。这里,把个人的道德修养(修身)与"仁"联系起来,正说明儒家思想的一贯性。《郭店楚简·性自命出》中说:"修身近至仁。"修身是为达到实现"仁"

的境界的必要过程。

因此,儒家讲"修身"不是没有目标的,而是为了"齐家""治国""平天下",即希望建设"和谐社会"。《礼记·礼运》中所记载的"天下为公"的"大同"社会就是儒家理想中和谐社会的蓝图。如果一个社会有了良好的制度,再加之以有道德修养的人来管理这个社会,社会上的人都能"以修身为本",那么这个社会也许就可以成为一个和谐的社会,世界就可以成为一个和谐的世界吧!

冯友兰先生把"人生"分成四种"境界":自然境界、功利境界、道德境界、天地境界。所谓"自然境界",是说人和动物一样,只是为活着,对于人生的目的没有什么了解(觉解)。所谓"功利境界",是说一切为了"利益",为他自己的利益(私利)。所谓"道德境界",是说他的行为是为了"行义",也就是为了"公利",也可以说他的行为是为了"奉献"。"天地境界"的人,他的行为也可以说是"奉献",但他不仅是"奉献"于社会,而且"奉献"于宇宙。如果人能达到"道德境界""天地境界",那么他不仅与"他人"(社会)和谐了,与宇宙和谐了,而且"自我身心内外"也和谐了。

孔子有一段话,也许可以作为"修身"的座右铭,他说:"德之不修,学之不讲,闻义不能徙,不善不能改,是吾忧也。"意思是说,不修养道德,不讲求学问,听到合乎正义的话不能去身体力行(实践),犯了错误而不能改正,是孔子最大的忧虑。孔子的这段话告诉我们的是做人的道理,"修德"并不容易,那就必须有崇高的理想,有为人类长远利益考虑的胸怀;"讲学"同样不容易,它要求人们天天提高自己的知识和能力,这样才可以负起增进社会福祉的责任;"徙义"是说人生在世,听到合乎道义的话应努力跟着做,应日日向着善的方向努力,把"公义"实现于社会生活之中;"改过",人总是会犯这样那样的错误,问题是要勇于改正,这样才可以成为合格的人。"修德""讲学""徙义""改过",是做人的道理,是使人自我身心内外和谐的路径。这就要求"修身",以求得一"安身立命"处。[1]

在儒家看,解决上述的种种矛盾的过程中,"人"是关键。因为,只有人才可以"为天地立心,为生民立命,为往圣继绝学,为万世开太平"。是不是我们可以说,当今人类社会遇到的问题,儒学可以为其提供某些

---

[1] 朱熹《四书或问》中说:"但能致中和于一身,则天下虽乱,而吾身之天地万物,不害为安泰,其不能者,天下虽治,而吾身之天地万物,不害为乖错。其间一家一国,莫不皆然,此又不可不知耳。"盖人生在世,必有一"安身立命"之原则和境界。

有意义的思想资源？善于利用儒学的思想资源来解决当今人类社会存在的种种问题，是不是可以说为儒学的复兴提供了机会？当然，我们必须注意到，孔子的儒家思想并不十全十美，它并不能全盘解决当今人类社会存在的诸多复杂问题，它只能给我们提供思考的路子和有价值的理念（如世界观、人生观、价值观等理念），启发我们用儒学的思维方式和人生智慧，在给这些思想资源以适应现代社会和人类社会发展前途新诠释的基础上，为建设和谐的人类社会做出它可能做出的贡献。

司马迁说的"居今之世，志古之道，所以自镜也，未必尽同"是很有道理的名言。我们生活在今天，要了解自古以来治乱兴衰的道理，把它做一面镜子，但是古今不一定都相同，需要以我们的智慧在传承前人有价值的思想中不断创新。因此，我们今天的任务是对自古以来的有价值的思想（包括儒家思想）进行现代诠释，创造适应现代社会需要的新学说、新理论。

"孝"作为家庭伦理的意义

社会是由众多家庭组成的，家庭和谐关乎社会的和谐。如何在家庭中建立一种和谐的关系，这就需要有家庭伦理。在中国，自古以来就有着维护家庭关系的种种伦理规范。这些伦理规范往往体现在各种"礼"之中。从《礼记》中，我们可以看到对各种"礼制"的记载，如婚、丧、嫁、娶等，这些都包含着各种家庭伦理规范，而要使这些家庭伦理规范成为一种社会遵守的伦理，就要使得"礼"制度化。所以中国古代社会是一"礼法合治"的社会。[1]因而"伦理"规范在中国古代社

---

[1] "礼法合治"：在我国古代，"礼"对社会生活有着非常重要的意义，《左传·昭公二十六年》称晏子云："礼之可以为国也久矣，与天地并。"故《礼记正义》说："夫礼者，经天地，理人伦，本其所起，在天地未分之前。"故"礼"在我国古代具有某种神圣性，它不仅是柔性地维护宗法等级制，而且是带有刚性地规范人与人之间关系的社会制度。"法"从总体上看在中国社会往往是指"刑"，这点可从我国历史书的"刑法志"看出，且在史书中"礼志"与"刑法志"往往是分开的。因此，我们可以从"礼法合治"这一角度研究中国古代的制度。

会中是非常重要的。

在中国古代,"孝"无疑是"家庭伦理"中最重要的观念。《孝经·三才章》中有孔子的一段话:"夫孝,天之经也,地之义也,民之行也。"(当然,孔子是否说过这段话,在此且不论)这是说"孝"是"天道"之常规,是"地道"有利于万物的通则,是人们遵之而行的规矩。为什么"孝"会有这样大的意义?我认为,这与中国古代宗法制有关。我国古代社会基本上是宗法性的农耕社会,家庭不仅是生活单位,而且是生产单位。要较好地维护家庭中的长幼、尊卑的秩序,要使其家族得以顺利延续,必须有一套适应当时社会稳定的家族伦理规范,而这种伦理规范又必须是一套自天子以至庶人的伦理规范,而构成一套整个社会的伦理规范,这样社会才得以稳定。在《孝经》中对此都有详说。[1]在我国古代往往又把这些伦理规范制度化,这就表现在种种"礼制"中,这点可以从我国历朝各代典章制度的文献中看出来。

"孝"既然为我国古代社会所需要,成为一种家庭伦理规范,此伦理规范又通过各种礼仪而成为社会应遵

---

[1] 《孝经》第二章至第七章讲的就是自天子至庶人的伦理规范。

守的伦理制度，但这种伦理规范以及由此而形成的礼仪制度必有其哲理上的根据。《郭店楚简·成之闻之》中说："天降大常，以理人伦，制为君臣之义，著为父子之亲，分为夫妇之辨。是故小人乱天常以逆大道，君子治人伦以顺天德。"理顺君臣、父子、夫妇的关系是"天道"的要求。小人违背常规行事是逆"天"的根本道理的，君子以"天道"之常规处理君臣、父子、夫妇伦理关系，社会才能治理好。所以儒家认为，"人道"与"天道"是息息相关的。儒学讲的"孝"是"人伦"关系中最基本的关系，它必有其理论上的根据。

我认为，"孝"作为一种家庭伦理的哲理根据就是孔子的"仁学"。《论语·学而》中有孔子弟子有子的一段话："……孝弟也者，其为仁之本与！"在《孝经》中也有类似的话："夫孝，德之本也！"这是说，"孝"是"仁"（或"德"）的根本出发点，是家庭伦理的核心观念，但并不是"仁"（或"德"，"德"即是"仁德"）的全部意义，因"孝"作为一种家庭伦理必须扩大到社会伦理。《郭店楚简·性自命出》中有一句话，我认为很重要："道始于情"（从《性自命出》全篇看，此处"道"是指"人道"，即人与人之间关系的道理），意思是说，"人道"是从人先天所固有的情感始有的，我认为这正是孔子"仁学"理论的根基所在。樊迟问"仁"，子曰：

"爱人。"(《郭店楚简·语丛三》:"爱,仁也。")这种"爱人"的情感由何而来呢?《中庸》中引孔子的话说:"仁者,人也,亲亲为大。""亲亲",前一"亲"字为"爱"之意,《孝经注疏序》谓"慈爱之心曰亲",后一"亲"字为"亲人"义。

"仁爱"的精神是人天生所具有的,爱自己的亲人是最根本的。故《孝经注疏》中说:"上古之人,有自然亲爱父母之心","父子之道,自然慈孝,本乎天性,则生爱敬之心,是常道也"(《孝经注疏·圣治章》)。特别是在《郭店楚简·语丛二》中有以下一条:"爱生于性,亲生于爱。""爱"出乎人的本性,父母、子女之间的亲情是由"爱"而发生的。这更说明"孝"与"爱"之关系。爱是人的天性中所具有的(如孟子言:"恻隐之心,人皆有之。"),爱自己的亲人是由人的天性中发出的。因此,在《语丛一》中又讨论了"尊"和"亲"的分别,如说:"(厚于仁,薄于义,)亲而不尊。厚于义,薄于仁,尊而不亲。"父子关系基于亲情,君臣关系是一种义务。[1]前者出于"仁",不能选择;后者出于

---

[1] 《荀子·天论》中说:"若夫君臣之义,父子之亲,夫妇之别,则日切磋而不舍也。"《孝经注疏》中谓:"'仁'者兼爱之名,'义'者裁非之谓。"

义，可以选择。[1]

因此，早期儒家认为，在父子之间是亲情，在君臣之间是义务。这是因为"仁生于人，义生于道。或生于内，或生于外"（《语丛一》）。"仁"是"人性"内在所具有的，"义"是"人道"所必须遵行的（社会所需的）规范，[2]所以都是需要的（"皆有之"）。《语丛一》又说："为孝，此非孝也。为弟，此非弟也。不可为也，而不可不为也。""孝"和"弟"是不能刻意而为的（按：因为"孝弟"发自内在之"仁爱之心"），但又不能不身体力行（按：因"不为"则"孝弟"无以显现[3]）。就此，似乎儒家伦理不仅注重"动机"，而且重视"效果"。从先秦儒家的典籍中，我们是不是可以说"孝"的本质是出于人的"仁爱"的自然本性，它应是不带有"功利性"的，而"孝"的结果则是有利于社会的"公义"的。

---

[1] 《孟子·梁惠王下》："汤放桀，武王伐纣，有诸？孟子对曰：于传有之。曰：臣弑其君，可乎？曰：贼仁者谓之贼，贼义者谓之残，残贼之人谓之一夫。闻诛一夫纣矣，未闻弑君也。"《荀子·正论》中也说："诛暴国之君，若诛独夫。"又，尚有周公诛管蔡事，盖"大义灭亲"也是儒家思想。《史记·淮南衡山列传》中有如下一段："尧舜放逐骨肉，周公杀管蔡，天下称圣，何者？不以私害公。"

[2] 《孟子·告子上》："仁，人心也；义，人路也。舍其路而弗由，放其心而不知求，哀哉！"

[3] 王阳明《答顾东桥书》中说："如言学孝，则必服劳奉养，躬行孝道，然后谓之学，岂徒悬空口耳讲说，而遂可以谓之学孝乎？"

在此，我们需要把孔子的"仁者，爱人"的"仁学"展开来讨论。先秦儒家认为，"亲亲"必须扩大到"仁民"，甚至要扩大到"爱物"。《孟子·尽心上》"亲亲而仁民，仁民而爱物"[1]，才是完整的"仁学"。《郭店楚简》中说："孝之施，爱天下之民。""孝"必须扩大到"爱天下之民"才叫作"仁"。又说："亲而笃之，爱也；爱父，其继爱人，仁也。""仁"不能只停留在"爱父"，必须扩大到"爱天下之民"上，所以"孝"必须扩大，必须"推己及人"，这就是说作为家庭伦理的"孝"（亲亲），从其以"爱"为基础这点说，必须扩大为一种社会伦理（仁民）。从而"仁民"意即为"博爱"，《孝经·三才章》中说："（君王）则天之明，因地之利，以顺天下……是故先之以博爱，而民莫遗其亲……"如果能使"博爱"（推己及人、及物之爱）成为社会伦理准则，那么就不会出现违背家庭伦理的"孝"。这就说明"孝"在"仁学"体系里是十分重要的观念。

因此，以"亲亲"为基点，扩大到"仁民"，以及于"爱物"，我们可以说中国古代基于孔子的"仁学"

---

[1] 《中庸》："唯天下至诚，为能尽其性；能尽其性，则能尽人之性；能尽人之性，则能尽物之性；能尽物之性，则可以赞天地之化育；可以赞天地之化育，则可以与天地参矣。"

把"孝"看成是"天之经""地之义""人之行"也是可以理解的。我想，从一个方面说它体现了孔子"爱人"（"泛爱众"）的精义。所以朱熹说："仁者""在天地则盎然生物之心，在人则温然爱人利物之心，包四德而贯四端者也"（《朱子文集》卷六七）。可见，"仁"对儒家的意义十分重大。从另一方面说，孔子儒家思想中的"孝"在社会生活实践中是个过程，此过程必须不断扩大，由"亲亲"而"仁民"而"爱物"。在此过程中"孝"的意义才会体现出来，它才具有"天之经""地之义""人之行"的价值。因此，"孝"不是一凝固的教条，而是基于孔子"仁学"的"爱"不断释放的过程，《孝经·圣治章》中说："人之行，莫大于孝。"只有在家庭的实践和社会的实践中，以"仁学"为基础的"孝"的意义才能真正显现出来。我想，这样来了解"孝"大概是孔子儒学的理想，或者说是我们对它的一种新的诠释。

社会在发展着，人与人之间的社会关系也在变化着，在现代社会中的家庭伦理也会随之有所变化。中国古代社会是一带有宗法性的农业社会，前面已说过，那时家庭既是生活单位，也是生产单位，而今天家庭无疑仍是一生活单位，但随着社会生活的变化，家庭作为生产单位却在逐渐变化中。从我国的社会实情看，也许家庭，特别是农村家庭，作为生产单位还会继续存在一段时间，但终究会逐渐淡出。这就是说，在家庭伦理中"孝"的内涵必定会有变化，例如"四世同堂""养儿防老"，就因家庭作为生产单位的消失而失去意义。又如，"二十四孝"中的某些形式已没有必要提倡，但作为"孝"之核心理念的"仁爱"则仍有家庭伦理之意义。社会在变化着，在家庭不再是生产单位的情况下，如何保障人们家庭的良好生活状态，将主要由社会保障体系来承担。但作为我国传统"孝"的"仁爱"精神则不会改变。

又如"三纲"中的"父为子纲"，因社会关系的变化，父子之间的关系也要随之变化。那种强调单方面统治与服从关系的权力结构的"三纲"是与现代社会的自由、平等相悖的。其实先秦儒学并不讲"三纲"，只是在汉朝特别是到东汉《白虎通义》中才把"三纲"法典化，作为维护皇权专制的工具。鲁迅在《我们现在怎样做父亲》中批评"三纲"的"父为子纲"说："这离绝了交换关系利害关系的爱，便是人伦的索子，便是所谓'纲'。倘如旧说，抹掉了'爱'，一味说'恩'，又因此责望报偿，那便不但败坏了父子间的道德，而且也大反于做父母的实际的真情，播下乖剌的种子……而其价值却正在父母当时并无求报的心思；否则变成买卖行为。"

鲁迅对"三纲"的批判是严酷的，但却一针见血，这绝对的无理的统治与服从关系，不知在历史上曾造成了多少悲剧。而我们也可以看出鲁迅认为"父子"之间的关系是"爱"，是"实际的真情"，是"无求报的心情"。基于孔子"仁学"的"亲亲"应是高尚的道德价值，而不是为取得私利的手段。

我想，如果把"父子""夫妇""兄弟"等关系建立在"实际真情"上，那么家庭会和谐了；如果把孔子"仁学"由"亲亲"扩大到"仁民"而"爱物"，将会为人与人之间的"和谐"、人与自然之间的"和谐"，提供可供思考的路子。

从历史上看，在先秦儒家典籍中，君臣、父子、夫妇之间有着一种相互对应的关系，它是建立在双方相对应的义务基础上的，如"君义臣忠""父慈子孝""夫和妻柔"，等等。例如《左传·昭公二十六年》："君令臣恭，父慈子孝，兄爱弟敬，夫和妻柔，姑慈妇听，礼也。"《礼记·礼运》："何谓人义？父慈子孝，兄良弟悌，夫义妇听，长惠幼顺，君仁臣忠，十者谓之人义。"《论语·八佾》："定公问：君使臣，臣事君，如之何？孔子对曰：君使臣以礼，臣事君以忠。"可见在先秦，君臣、父子、夫妇等有着相互的义务关系，其中父子、夫妇、兄弟等都是属于家庭关系。在我国古代，这种相互的义务关系,无论如何仍与宗法制有关,与今日家庭成员之间的"平等"关系不同。

那么家庭作为社会的一个单位,它将在我国当今的社会生活中起什么作用?应该有一种什么样的家庭伦理?费孝通先生认为,当今家庭的作用主要应体现在"尊敬祖先和培育优秀的后代"。"尊敬祖先"对家庭说,就是对长辈要尊敬;"培育优秀的后代",就是对子孙进行良好的教育。"尊敬"是基于"爱",因此我们常说要"孝敬父母",故《孝经注疏》谓:"孝是真性,故先爱后敬也""爱之与敬,俱出于心"。虽然"爱"和"敬"都发自内心,但"爱"是"敬"的前提。"尊敬祖先"是说,要对自己民族传统文化有一种敬意,因为中华的优秀文化体现在其祖先的"三不朽"上[1],离开我们祖先为我们树立的良好的、具体的为人为学的典范,所谓"中华传统文化"将是空洞的、无实质内容的。

"家庭"对子孙的"教育"是一种责任伦理(当然教育孩子不仅是家庭的责任,也是全社会的责任),所以《孝经注疏序》最后说:"夫子谈经(此指《孝经》),

---

[1] 《左传·襄公二十四年》:"……豹闻之:'太上有立德,其次有立功,其次有立言。'虽久不废,此之谓不朽。"

志取垂训。"孔子讲《孝经》的目的在于给后人以教训，基于"仁爱"的"孝"必须负有培养后代的责任。所以《礼记·学记》中说："虽有至道，弗学，不知其善也。是故学然后知不足，教然后知困。知不足，然后能自反也。知困，然后能自强也。"因此，对长辈的爱敬，对子孙的培育，都是出于人之内在本心的"仁爱"。

所以鲁迅在《我们现在怎样做父亲》中说："我现在心以为然的，便只是'爱'。"据此，儒家的家庭伦理是基于孔子的"仁学"，是以"爱人"为内核的。"孝"的本质属性是"仁爱"，其他附加于"孝"的内容，则是可以随着社会的变化而可改可变、可有可无的。"仁爱"对于人类社会具有"普遍价值"的意义。如果我们从孔子"仁学"的角度来解说"孝道"，那么也可以说"孝"的核心理念"亲亲"（爱自己的亲人）作为家庭伦理也具有某种"普遍价值"的意义，由"亲亲"而"仁民"而"爱物"，这一"孝"的扩大过程的社会意义应为我们所重视。就这个意义上说，儒家"孝"的理念对建设和谐家庭以至和谐社会都是有意义的。

《世说新语》中的"七贤风度"

《世说新语》是一本什么样的书

《世说新语》是由南朝宋（420—479）临川王刘义庆（403—444）编著，后又由南朝梁（502—557）刘孝标（462—521）广泛地搜集各种有关材料，根据《世说新语》每条的内容加以注解，所引用的经史杂著有四百余种，引用的诗赋杂文七十余种，大大丰富了原刘义庆的《世说新语》，因此我们说到《世说新语》就包含了刘孝标的注文。《世说新语》是一部以散文、杂感、小说、笔记等形式反映汉末到东晋文人学士、名臣大吏、骚人墨客之类人生活的集子。这部书一直为研究汉末至魏晋间的历史、语言、文学、哲学者所重视，特别是研究"魏晋玄学"的学者必读的书。据《宋书》说，刘义庆年轻时喜欢骑马乘车东游西逛,后来渐渐感到"世路艰难",就不再骑马乘车,转而招集一些文人学士到他家做客,共同完成了《世说新语》这部书。刘孝标在《梁书》中有传,说他好学安贫,一面耕地一面读书。齐永明(483—493)间由北方到南方,他特别爱搜集阅读各种图书,听到有难得的书一定去借来看,同时的名士崔慰祖说他是个嗜书虫。《世说新语》中虽分"德行""言语""政事""文学"等三十六类,每类中有若干"条"故事,但每条故事之间没有什么联系,而且还有重复的地方,所说的故事往往是来源于其他的书。鲁迅认为,此书原名《世说》,后来看到《汉书·艺文志》已著录有《世说》名目的书,因此在"世说"后加上"新语"二字,以与《汉书·艺文志》中著录的那本《世说》相区别。

鲁迅在《中国小说的历史的变迁》中,将魏晋时期的短篇小说故事分为"志人"(记述人物的故事)和"志怪"(记述神仙、鬼怪故事)两种,他说"志人"小说故事是指"记人间事者"。这种"记人间事"的短文,在春秋战国时代就有,但多半用它说明某种道理(喻道)或评论政事(论政)。然而《世说新语》则主要是为"赏心而作",它"远实用而近娱乐",读起来很有兴味,让人"赏心悦目"。所以大美学家宗白华在《论〈世说新语〉

和晋人的美》中说:"《世说新语》一书记述得挺生动,能以简劲的笔墨画出它的精神面貌、若干人物的性格、时代的色彩和空气。文笔的简约玄澹尤能传神。"这就是说,《世说新语》这部书能以极细腻生动的细节,毫无顾忌地展现出汉末至晋宋间社会的大变动带来的思想感情上的大解放,以及士大夫(名士,知识分子)所追求的理想人生境界、所欣赏的生活方式、所执着的人生态度、所赞美的言谈举止,等等。这都和两汉风气大异其趣,而呈现出崭新的时代风貌。

"竹林七贤"故事是怎么形成的

在东晋以前,在各种史书、杂著中虽记有阮籍、嵇康、山涛、刘伶、王戎等之间的交往,但却无"竹林七贤"故事。戴逵《竹林七贤论》中有一条记载说:由于"竹林七贤"故事在社会上流传起来了,庾爰之曾问他的伯父庾亮是否真有这样的事。庾亮说在西晋时还没有听说过有什么"竹林七贤"故事,到东晋以后忽然才出现了这样的故事,大概是好事者编出来的吧!("俗传若此。颍川庾爰之尝以问其伯文康。文康曰:中朝所不闻,江左忽有此论,皆好事者为之耳。")可见"竹林七贤"故事在西晋时尚无,是到东晋时才忽然出现的,庾亮已指出"竹林七贤"故事大概是虚构的。《世说新语·伤逝》"王濬冲为尚书令"条注中也引有上面戴逵的那段话。

"竹林七贤"故事在《世说新语》见于《任诞》篇中："陈留阮籍、谯国嵇康、河内山涛，三人年皆相比，康年少亚之。预此契者，沛国刘伶、陈留阮咸、河内向秀、琅邪王戎，七人常集于竹林之下，肆意酣畅，故世谓'竹林七贤'。"孙盛《魏氏春秋》中也有大体相同的记载。《世说新语·文学》"袁彦伯作《名士传》成"条注中把魏晋名士分为"正始名士""竹林名士"和"中朝名士"。"竹林名士"所列就是"七贤"阮籍、嵇康等七人。《世说新语·文学》："袁彦伯作《名士传》成，见谢公，公笑曰：我尝与诸人道江北事，特作狡狯耳，彦伯遂以著书。"是说：袁宏作完《名士传》，把它送给谢安看（谢安也是一位大名士，而且是大官，官到"太傅"）。谢安向袁宏笑着说：我曾和大家讲西晋时的故事，只是开开玩笑而已，没想到袁宏把它当真写成书了。可见东晋时的一些名士也并没把"竹林七贤"故事当真。那么"竹林七贤"故事是如何形成的呢？据陈寅恪考证，"竹林七贤"故事大概是先有"七贤"之说，这是因为《论语》中提到"作者七人"，有这样一个"七"的数目，因而到汉朝也就很注重这样一类的数字游戏，而有什么"三君""八厨""八及"等名目,这无非是名士们之间的相互标榜。到两晋有所谓的"格义",就有把佛教以外的书来比附某些佛教的思想观念。到东晋初年,才有把印度佛教"竹林"(指释迦牟尼曾居"竹林")故事加于"七贤"之上。到东晋中叶以后就有袁宏的《竹林名士传》、戴逵的《竹林七贤论》以及孙盛的《魏氏春秋》等把"七贤"展开成为"竹林七贤"故事。

陈寅恪对"竹林七贤"故事的考证是很有意思的。我们据各史书、笔记、小说、杂著可知,阮籍、嵇康、山涛当时确常往来。《世说新语·贤媛》:"山公与嵇、阮一面,契若金兰。"《向秀别传》有:"(向秀)少为同郡山涛所知,又与谯国嵇康、东平吕安友善。""秀常与嵇康偶锻于洛邑,与吕安灌园于山阳,收其余利,以供酒食之费。"阮咸为阮籍的侄子,阮籍对他的儿子阮浑说:"阮咸已经参加到我们这一伙,你就别加入了。"王戎常和阮籍一起喝酒,时常喝得大醉(参见《晋书·王戎传》)。刘伶淡默少言,"与阮籍、嵇康相遇,欣然神解,携手入林","著《酒德颂》一篇"(《晋书·刘伶传》)。这些记载,大概不会都是虚构的。可见,虽然原来并不一定有"七贤"一起入竹林喝酒的故事,但七人之间或因性格、风貌、行事多有相似之处(如不守礼法、均嗜酒),都相互熟悉,故归为一类而造成故事。

魏晋玄学的主题是什么

汉末由于儒家学说的衰落和老庄道家学说的兴起，而产生了魏晋玄学。我们可以说，魏晋玄学是以老庄（或者说《易经》《老子》《庄子》"三玄"）思想为骨架，从两汉烦琐的儒家经学中解放出来，企图调和"自然"与"名教"的一种特定的思潮。为什么要讨论"自然"与"名教"的关系问题？这是因为汉末儒家的"名教""礼法"等受到破坏，必须为它找一存在的根据。当时的玄学家认为，老子的"道"也许可以作为"名教"存在的根据，因为老子主张"道法自然"，"道"以自然为法则，它不是人为的，"道"是自然而然存在的。如果"道"可以成为人为的"名教"存在的根据，那么儒家思想就可以和道家思想统一起来，这样"道"就是"本"（本体），"名教"就是"末"（末有）。袁宏《名士传》中，把"魏晋玄学"的发展分为三个时期：以何晏、王弼为代表的正始时期（240—249）的玄学；以嵇康、阮籍等七贤为代表的竹林时期（255—262）的玄学；以裴頠、郭象为代表的元康时期（291年前后）的玄学。

何晏、王弼他们提出"道"即"自然"的玄学思想。他们认为"道"（宇宙本体）即是"自然"，这是根据老子的"道法自然"而来的，宇宙本体是自然而然存在着的，"名教"（郑鲜之说："名教大极，忠孝而已。"）、"礼法"等是人为的东西，应该效法"自然"，这两者应该是统一的，社会才可以成为理想的社会。所以"自然"是本，"名教"是末，不能本末倒置，但是在王弼哲学中存在着一个矛盾，他有时说"崇本举末"，根据宇宙本体之自然来把"名教"等人为的东西统一起来，但他有时又说"崇本息末"，要把宇宙本体之"自然"树立起来，把那些人为的违背"自然"的"名教""礼法"排除掉，使人回归原本的自然而然的生活状态。

我们知道哲学的发展往往会在哲学思想的论说中发生矛盾，后面的哲学家认识到这种矛盾，就想方设法来解决这些矛盾。在何晏、王弼之后出现了两条解决上述矛盾的路线，一条就是以嵇康、阮籍为代表的竹林派玄学家，他们提出"越名教而任自然"，只有超越"名教"才可以真正地"任自然"，即要放弃那些束缚人的"名教"和虚伪的"礼法"，才可以使人们自然而然地按照人的本性为人处世。可以说他们是沿着王弼"崇本息末"的思想发展起来的。另一条是裴頠的路线。他认为，有社会存在就要解决人与人之间的关系，这样就要有一套礼仪制度来规范人们的行为，就要有"名教""礼法"等。因此，他对否定"名教""礼法"的思想进行了批判。

其后又有郭象（他大体上与裴頠同时）认为："自然"和"名教"并非对立，是可以统一的，因为理想的社会可以是"即世间又出世间"（生活在现实的社会里，但在精神上可达到超越的境界），就是说社会可以而且应该有"名教""礼法"，人们可以去适应它，但在精神上却可以超越它。所以圣人应该可以做到"虽在庙堂之上，然其心无异于山林之中"。你可以做官任职，但你的精神境界不要为这种"名誉""地位"等束缚住，也就是说为了维持社会的安宁、稳定，人可以遵守"名教""礼法"，但在精神上要超越它，应该和宇宙本体之"自然"相通，因为"名教""礼法"是暂时性的，你理想的精神境界才是终极性的。但"名教"也不能不要。因此，我们要了解魏晋玄学的发展就是要解决"自然"与"名教"的矛盾。"竹林七贤"只是魏晋玄学发展中的一个环节，我们必须放在历史发展过程中来了解它的意义。

"越名教而任自然"的"七贤风度"

宗白华《论〈世说新语〉和晋人的美》中说："汉末魏晋六朝是中国政治上最混乱、社会上最痛苦的时代，然而却是精神史上极自由、极解放，最富于智慧、最浓于热情的一个时代。""极自由、极解放，最富于智慧、最浓于热情",这大概说的就是"魏晋风度"。而"七贤风度"应是"魏晋风度"的集中体现。"七贤风度"既表现在他们的性情、气质、才华、格调等内在的精神面貌上,也表现在他们的言谈、举止、音容、笑貌等外在风貌上。"七贤"的"七贤风度"可以说在中国历史上"前无古人,后无来者",这种"风度"只能由魏晋时期的社会环境造成,也只能为"七贤"的特质性情、人格所造成。这种"风度"可以说最主要就表现在他们的"越名教而任自然"上。

"越名教而任自然"一语见于嵇康《释私论》中。嵇康、阮籍反对当时的所谓"名教",所谓"名教"是"名分教化"的意思,指维护当时皇权统治"三纲六纪"的等级名分,也就是说主要是维护自汉以来皇权统治的"礼教"。至东汉"礼教"已经为世人识破,当时有歌谣说:"举秀才,不知书;察孝廉,父别居;寒素清白浊如泥;高第良将怯如鸡。"所谓"任自然"从"竹林七贤"的言谈举止看,是指"任凭自然本性"或说"任凭其心性的自然情感"。用今天的话说,就是要求自由自在地抒发自己内在的情感,而不受虚伪礼教的束缚。

曹魏政权相对汉末,虽在政治和经济上有所改革,但并没有能阻止当时世家大族势力的发展。司马氏作为世家大族政治势力的代表,其政权所依靠的集团势力——

开始就十分腐败,当时就有人说这个集团极为凶残、险毒、奢侈、荒淫,说他们所影响的风气"奢侈之费,甚于天灾"(奢侈浪费腐化的风气,对社会来说比天灾还严重),可是他们却以崇尚"名教"相标榜。在嵇康、阮籍看来,当时的社会中"名教"已成为诛杀异己、追名逐利的工具,成了"天下残贼、乱危、死亡之术"。那些所谓崇尚"名教"的士人"外易其貌,内隐其情,怀欲以求多,诈伪以要名"(外表道貌岸然,内里藏着卑鄙的感情,欲望无止境,而以欺诈伪装来追求名誉)。为反对这种虚伪的"名教",《世说新语》中记载了一些"七贤"的"恣情任性",显露自己内在的真实感情、任凭自己的自然本性的发挥以超越"名教"的束缚的言行。

关于阮籍遭母丧的故事,在《世说新语·任诞》中有三段记载。其一说,阮籍的母亲去世,他完全不顾世俗的常规礼仪,蒸了一只很肥的小猪,又喝了两斗酒。然后临诀,举声痛号大哭,因吐血,废顿良久(身体很长时间恢复不过来)。按照所谓的"名教",临父母丧事,子女是不能吃肉喝酒的,而阮籍全然不顾。照阮籍看,临丧不吃肉喝酒只是表面形式,与自己内心的这种椎心泣血真情的悲恸毫不相干。阮籍在母亲丧事上的举动表现了他对母亲真正的孝心和深深的感情,所以孙盛《魏氏春秋》说:"籍性至孝,居丧虽不率常礼,而毁几灭性。"（阮籍的性情是非常孝顺的，虽然丧母没有遵守常礼，实际上悲痛得伤了身体。）有一次阮籍的嫂嫂即将回家，阮籍就去与她告别，遭到别人讥笑，因为这样做是违背礼的，按《礼记·曲礼》说，"嫂叔不通问"，于是阮籍干脆公开宣称："礼岂为我辈设邪！"阮籍敢于去与嫂告别，表现了可贵的亲情和对女性的尊重，同时也表现了他对虚伪礼教的蔑视。这正是"七贤"坦荡的"任自然性情"的精神。

"七贤"中还有一位名士王戎。据《世说新语·德行》记载，王戎和另外一"名士"和峤同时遭遇丧母，都被称为"孝子"。王戎照样饮酒食肉，看别人下棋，不拘礼法制度，其时王戎悲恸得瘦如鸡骨，要依手杖才能站起来。而和峤哭泣，一切按照礼数。晋武帝向刘毅说："你和王戎、和峤常见面，我听说和峤悲痛完全按礼数行事，真让人担忧。"刘毅向武帝说："虽然和峤一切按照礼数，但他神气不损，而王戎没有按照礼数守丧事，可是他的悲痛使他瘦骨如柴。我认为和峤守孝是做给别人看的，而王戎却真的对死去的母亲有着深沉的孝心。"一个"虽不备礼，而哀毁骨立"，一个是"哭泣备礼"，而"神气不损"，究竟谁是假孝，谁是真孝，谁是装模作样，谁是孝子的真情，不是一目了然了吗？

据《晋书·刘伶传》说："刘伶……放情肆志，常以细宇宙齐万物为心,澹默少言,不妄交游,与阮籍、嵇康相遇,欣然神解,携手入林。"(刘伶感情豪放,以自己的意愿行事,不把外在的世界看得那么重要,齐一万物,淡默少言,不随便和人交往,可是和阮籍、嵇康在一起时,精神一下子就来了,拉着手到树林去喝酒了。)可见刘伶也是一位有玄心、超世越俗的大名士。《世说新语·任诞》说刘伶常常不穿衣裤,裸露身体,在他的屋子里狂饮美酒。有人进到他的屋中,看到如此形状,就对他讥笑讽刺。然而刘伶却说:"我是把天地作为我房子的屋架,把屋子的四壁作为我的衣裤,你们怎么会进到我的衣裤里了呢!"这虽有点近似开玩笑,但却十分生动地表达了刘伶放达的胸怀和对束缚人们真实性情的礼法的痛恨。这则故事是不是有什么来源呢?我想,它很可能与阮籍的《大人先生传》中的一段话有关。阮籍用虱子处于人的裤裆之中做比喻。虱子住在裤裆之中自以为很安全、惬意,因此不敢离开裤裆生活,饿了就咬人一口,觉着可以有吃不尽的食物。当裤子被烧,虱子在裤裆中是逃不出去的。阮籍用此故事比作那些为"名教"所束缚的"君子",不是就像虱子在裤裆之中生活一样吗?阮籍认为,那些伪君子"坐制礼法,束缚下民",即制定并死守那些礼法,用它们来控制老百姓。

为什么阮籍、嵇康那么痛恨"名教",这是因为他们不仅对当时提倡"名教"的虚伪面貌已有清醒的认识,而且深刻洞察到"名教"本身对人的本性的残害。阮籍、嵇康认为,人类社会本来应和"自然"(指"天地")自然而然的运行一样,是一有秩序的和谐整体,但是后来的专制政治破坏了应有的自然秩序,扰乱了和谐,违背了"自然"的常态,造出人为的"名教",致使其与"自然"对立。正如嵇康在《太师箴》中所说:上古以后社会越来越坏了,把家族的统治确立起来,凭着尊贵的地位和强势,不尊重其他人,宰割鱼肉天下的老百姓,来为他们统治集团谋取私利。这样君主在位奢侈腐败,臣下对之以二心。这个利益集团用尽心思不惜一切地占有国家财富。形式上还有什么赏罚,可是没法实行,也没法禁止犯法。以至于专横跋扈,一意孤行,用兵权控制政权,逞威风、纵容为非作歹,其对社会的祸害比压在我们头上的大山还重。刑法本来是为了惩罚作恶的,可是现在成了残害好人的东西。过去治理社会是为天下的老百姓,而今天却把政权作为他们个人谋私利的工具。下级憎恨上级,君主猜忌他的臣下。这样丧乱必定一天天多起来,国家哪会不亡呢?("季世陵迟,继体承资,凭尊恃势,不友不师,宰割天下,以奉其私。故君位益侈,臣路生心,竭智谋国,不吝灰沉。赏罚虽存,莫劝莫禁。若乃骄盈肆志,阻兵擅权,矜威纵虐,祸蒙丘山。刑本惩暴，今以胁贤。昔为天下，今为一身。下疾其上，君猜其臣。丧乱弘多，国乃陨颠。"）

在阮籍的《大人先生传》中，对现实社会政治的批判同样深刻，他说：你们那些"君子贤人"呀，争夺高高的位置，夸耀自己的才能，以权势凌驾在别人上面，高贵了还要更加高贵，把天下国家作为争夺的对象，这样哪能不上下互相残害呢？你们把天下的东西都据为己有，供给你们无穷的贪欲，这哪里是养育老百姓呢？这样，就不能不怕老百姓了解你们的这些真实情形，因此你们想用奖赏来诱骗他们，用严刑来威胁他们。可是，你们哪里有那么多东西来奖赏呀，刑罚用尽了也很难有什么效果，于是就出现了国亡君死的局面。这不就是你们这些所谓的君子的所作所为吗？你们这些伪君子所提倡的礼法，实际上是残害天下老百姓、使社会混乱、使大家都死无葬身之地的把戏。可是你们还要把这套把戏说成是美德善行，是不可改变的放之四海而皆准的道理，这难道不太过分了吗？（"今汝尊贤以相高，竞能以相尚，争势以相君，宠贵以相加，趋天下以趣之，此所以上下相残也。竭天地万物之至，以奉声色无穷之欲，此非所以养百姓也。于是惧民之知其然，故重赏以喜之，严刑以威之。财匮而赏不供，刑尽而罚不行，乃始亡国、戮君、溃败之祸。此非汝君子之为乎？汝君子之礼法，诚天下残贼、乱危、死亡之术耳！

而乃目以为美行不易之道，不亦过乎？"）照阮籍、嵇康等看，这样的社会政治当然和有秩和谐的"自然"相矛盾，因此他们在"崇尚自然"的同时，对"名教"做了大力的批判。在他们看来，所谓"名教"是有违"天地之本""万物之性"的，而"仁义务于理伪，非养真之要术；廉让生于争夺，非自然之所出也"。（仁义是用来作伪的，并非涵养真性的方法；廉让由争夺中产生，并非出自人的自然本性。）这种人为的"名教"只会伤害人的本性、败坏人的德行、破坏人和自然的和谐关系。由此，嵇、阮发出"越名教而任自然"的呼声。

《世说新语·任诞》"阮籍遭母丧"条，刘孝标注引干宝《晋纪》曰："何曾尝谓阮籍曰：'卿恣情任性，败俗之人也。今忠贤执政，综核名实，若卿之徒，何可长也？'复言之于太祖，籍饮啖不辍。"何曾是崇尚"名教"的"礼法之士"，在晋文王清客座中，指责阮籍"恣情任性"（放纵自己的感情、任凭自然本性无束缚地发挥），是伤风败俗的人，现在忠臣贤相执政，一切都有条有理。阮籍听着，不屑一顾，全不理会，照样不停地酣饮，"神色自若"，表现着对何曾的蔑视。"恣情任性"正是"七贤"最重要的"风度"。

所谓"恣情任性"就是说，"七贤"为人处世在于任凭自己内在性情，而不受外在"礼法"的条条框框的束缚。这就是说,"恣情任性"正是"越名教而任自然"的一种表现。嵇康有篇《释私论》也讨论到这个问题,他说:"夫称君子者,心无措乎是非,而行不违乎道者也。何以言之?夫气静神虚者,心不存乎矜尚;体亮心达者,情不系于所欲。矜尚不存乎心,故能越名教而任自然;情不系于所欲,故能审贵贱而通物情。物情顺通,故大道无违;越名任心,故是非无措也。是故言君子,则以无措为主,以通物为美。言小人,则以匿情为非,以违道为阙。何者?匿情矜吝,小人之至恶;虚心无措,君子之笃行也。"(真正称得上君子的人,内在的心性并不关注是非得失,可是他的行为不违背大道。为什么这样说呢?神气虚静的人,他的心思不放在外在的是非得失之上;胸襟坦荡的人,那些是非得失不会对自己的心性有什么影响,那么就可以超越名教的束缚而能按照自己的自然性情生活;情感不被外在的欲望所蒙蔽,那才能了解什么是好、什么是坏,才能对天地万物有真正的体认。能够通达天地万物的实情,这样就可以和大道合而为一。真君子必须能超越虚伪的名教任乎自然之真性情,因为外在的是非得失不关乎心性。因此说到君子,不把外在的那些东西放在心上,这才是根本的,要把你内心的真性情放在天地万物上。说到小人,应该看到他们总是隐瞒真实的情感,这是违背自然本性的。为什么这样说呢？隐瞒自己的情感念念不忘私利，是最坏的小人；不把外在的利害得失放在心上，一任真情，是君子所应实实在在做到的。）

这一长段的意思是说，作为君子应该不把外在的名誉、地位、礼法等放在心上，而是一任真情地为人行事；要敢于把自己的自然本性显露出来，不要顾及那些外在的是是非非，这样一方面可以"越名教而任自然"，另一方面又可以达到与天地万物为一体的"自然"境界。上面所引的文字，说明所谓"七贤风度"就是要把肆意放达的自然性情放在首位。

《世说新语·简傲》："嵇康与吕安善，每一相思，千里命驾。"嵇康与吕安最为要好，每次想念到他，就驾车前去看望。又有《晋书·阮籍传》："（阮籍）时率意独驾，不由径路，车迹所穷，辄恸哭而反。"（阮籍有时凭自己的心意，独自驾车外出，并不考虑有没有可行车的道路，直到无路可走，痛哭而返。）以上，我们可以看到嵇康驾车千里寻友，虽有目的，而完全是"恣情任性"，表现了嵇康对吕安的真实感情。故该条有刘孝标注引干宝《晋纪》："初，安之交康也，其相思则率尔命驾。"为什么嵇康要驾车千里访吕安？这是因为吕安和嵇康一样是一"恣情任性"、不顾礼法的大名士。嵇康的哥哥嵇喜是个做大官的礼法之士，有一次，吕安访嵇康，嵇康不在，嵇喜迎接了，吕安根本不理睬嵇喜，而在门上写了个凤字就走了。嵇喜很高兴，以为说他是凤凰呢，殊不知吕安说嵇喜是凡鸟（《世说新语·简傲》）。又有一次，吕安要从嵇康家离开，嵇喜设席为吕安送行，吕安独坐车中，不赴席。但是嵇康的母亲为嵇康炒了几个菜，备了酒，让嵇康和吕安一起吃菜喝酒，二人则尽欢，良久乃去。

干宝《晋纪》据此事，说吕安"轻贵如此"（看不起大官到如此地步）。阮籍的"率意独驾"与嵇康的"千里命驾"形式上相同，但目的不一样。嵇康是有目的地去访吕安，而阮籍是无目的地发泄胸中郁闷，所以他驾车跑到无路可走的地方，兴尽痛哭而回，这可以说是"情不系于所欲"（放纵自己的情感并没有什么具体目的）。盖魏晋之世，天下多变，真正有理想、有抱负的名士，往往不得善终。阮籍有见于此，痛苦至极，而又无法改变现状，故而有此"率意独驾"之举。

在历史上，常有"借酒浇愁"之事。"竹林七贤"多是好酒如命的名士。他们并不是为个人的私事而酣饮消愁，而是因生不遇时，无法实现他们的理想和抱负而"借酒浇愁"，且同时也表现了他们豪迈放达之性格。《晋书·阮籍传》中说："籍本有济世志，属魏晋之际，天下多故，名士少有全者，籍由是不与世事，遂酣饮为常。"（阮籍本来有改变社会政治现实的志向，但是在魏晋之际，社会政治变化无常，许多有志之士遭受残害，于是阮籍只得远离政治斗争，大量饮酒来消愁。）

《世说新语·任诞》载："步兵校尉缺，厨中有贮酒数百斛，阮籍乃求为步兵校尉。"刘孝标注引《文士传》说得比较具体："籍放诞有傲世情，不乐仕宦。晋文帝亲爱籍，恒与谈戏，任其所欲，不迫以职事。籍常从容曰：'平生曾游东平，乐其土风，愿得为东平太守。'文帝说，从其意。籍便骑驴径到郡，皆坏府舍诸壁障，使内外相望，然后教令清宁。十余日，便复骑驴去。后闻步兵厨中有酒三百石，忻然求为校尉。于是入府舍，与刘伶酣饮。"（阮籍豪放任性，有傲世的性情，不喜欢做官。晋文帝对他很尊重，常常和阮籍谈话说笑，听任他做喜欢的事，不强迫阮籍做官。有一次阮籍轻描淡写地对晋文帝说：我曾去东平游玩过，对那里的风土人情很喜欢，想到那儿去做官。晋文帝很高兴，答应了阮籍的要求。阮籍于是骑着驴子就上任了。到太守府后首先就把衙门的前后壁打通，使外面能看到衙门内的事情。于是教令清明。十几天后就骑驴子走了。后来听说步兵营的厨房中有酒三百石，又很高兴地要求去当步兵校尉，一到校尉府中就和刘伶酣饮起来。）

又《竹林七贤论》中说："籍与伶共饮步兵厨中，并醉而死。"此当非事实。因为阮籍于魏景元四年（263）

即去世，而刘伶在晋泰始（265—274）时尚在世。"太守"是大官，阮籍去就此职，是因为东平有山水名胜，且民情淳朴。他就任之后，把衙门的前后墙壁都打通，是要让在外面的老百姓能看到衙门内的事情，然后他的行政教令使社会清净安宁。但他只在东平待了十余日，就弃官，骑驴走了。这真是乘兴而来尽兴而去。步兵校尉只是个不大的小官，在那里的厨房有大量的美酒，阮籍很高兴地要求去就任，并和刘伶一起酣饮。阮籍的"任性"放达真是超凡越俗了。

刘伶也是酷爱自由、嗜酒如命的"七贤"之一。《晋书·刘伶传》说："（伶）初不以家产有无介意，常乘鹿车，携一壶酒，使人荷锸而随之，谓曰：'死便埋我。'其遗形骸如此。"（刘伶全不顾他的行为对他家族的家产有无伤害，常常坐着一辆鹿车，提着一壶酒，让随从的人拿着一把锄头，并对随从的人说："如果我醉死了，你们把我就地埋了吧。"）刘伶就是对其外在的身体一点都不看重，这是由于他看重的是其内在的放达精神。他写了一篇《酒德颂》，大意是说：大人先生认识到人的一生比起无限的时间、无边的空间，是短暂而渺小的，如果能把自己的生命看成是和天地一样宽阔，把无尽的时间视为一瞬间，把狂放豪饮看成是"无思无虑，其乐陶陶"的事，能自由自在快活过一生，比起你们那些遵守"陈说礼法"、追名逐利、钩心斗角的，谁更快乐呢？我们就此可看出"七贤名士"的"放达"精神之可爱了。

关于刘伶还有一个故事，《世说新语·任诞》中说：刘伶太想喝酒，请他的妻子给他点酒喝。可他的妻子把酒倒掉，把酒壶碎掉，哭着对刘伶说："你喝酒太多，有伤身体，不是养生之道，快断酒吧！"刘伶说："好呀！但是我自己没有能力断酒，要向神鬼祷告求助，向他们发誓断酒才行。"这样就得有酒有肉来祭祀鬼神。于是他的妻子置办了酒肉于鬼神牌位前面，让刘伶发誓断酒。于是刘伶跪着向神牌发誓说："天生刘伶嗜酒如命，一饮一斛，五斗酒下肚可以解我的嗜酒之病。"于是酣饮大吃，醉得像土石一样。这些"七贤"酣饮故事说明，处于世事混乱之时，这批名士无力改变现实，只求自己精神上的自由愉悦。

正如嵇康在《难自然好学论》中说："六经以抑引为主，人性以从欲为欢。抑引则违其愿，从欲则得自然。然则自然之得，不由抑引之六经；全性之本，不须犯情之礼律。"（古来那些经典的目的是对人们进行压制和引导，然而人之本性所追求的则是以顺应其性命之情为快乐。引导和压制是违背人的意愿的，放任其性命之情才是顺乎自然的。追求顺应自然的本性才是根本的，因而不需要侵犯人性情的礼法之类的东西。）在此，我们可以看出，"七贤"

之饮酒"恣情任性"是要求摆脱虚伪"礼法"之束缚，而求任自然性命之情，这正是"七贤风度"。

"七贤"之酣饮，在当时还有一种很重要的作用，就是可以此拒绝和抵制当权者种种要求。《晋书·阮籍传》："文帝初欲为武帝求婚于籍，籍醉六十日，不得言而止。"这个故事是否真实，是否有所夸大，不得而知，但它所要表现的是当时某些名士不愿与腐败、凶残的当政者合作，有着不愿攀龙附凤的气概。当然，这也表现了当时某些知识分子的软弱，虽不愿同流合污，却只能用酣饮这种消极的方式来对抗当权者。在中国历史上，真正敢于正面对抗残暴、无能、腐败政权的是少之又少的，像嵇康那样视死如归的名士真是凤毛麟角了。抱有济世之志的阮籍在"七贤"中也是强烈表现放达个性的一位，他作《首阳山赋》，以伯夷、叔齐自况，以示和司马氏政权不合作。他"尝登广武，观楚汉战处，叹曰：'时无英雄，使竖子成名。'"他借楚汉相争事，暗示他自己所生之时缺少英雄，遂使司马氏得以专政。但后司马氏篡位，建立晋王朝，阮籍最终也不得不写了劝进文。在这点上，他或与有刚烈之性的嵇康有所不同。据《世说新语·雅量》，嵇康因吕安事被判死刑，将在东市被斩首，这时他看看日影，知道被杀的时间快到了，于是要了琴，弹起来，说："过去袁孝尼尝希望跟我学《广陵散》，我没教他，从此以后再没有《广陵散》了。"在他被杀前,"太学生三千人上书,请以为师"。《广陵散》绝了,嵇康之人格是否也绝了呢?回顾历史,俯视现实,多少悲剧不是如此呢!许多中国知识分子真是太软弱了。

"恣情任性""情不系于所欲"表现了"七贤风度",应如何评价,历史自有公论,这点不需要我多说。

宗白华《论〈世说新语〉和晋人的美》指出,魏晋时代是一社会秩序大解体、旧礼教崩溃的时代。它的特点是"思想和信仰的自由、艺术创造精神的勃发",它是"强烈、矛盾、热情、浓于生命彩色的一个时代"。这个时代前无古人,后无来者。它之前的汉代,"在艺术上过于质朴,在思想上定于一尊,统治于儒教";在它之后的唐代,"在艺术上过于成熟,在思想上又入于儒、释、道三教的支配"。宗白华认为"只有这几百年间是精神上的大解放,人格上、思想上的大自由"。

王戎尝谓:"圣人忘情,最下不及情,情之所钟,正在我辈。"(《世说新语·伤逝》)意思是说,圣人太高超了,他们已超越常人的"情",而最低下的人又对"情"太迟钝麻木,难以达到"有情"的境界,只有像我们这样的名士珍视自己的感情,才敢真正把真情表现出来。我们知道,魏晋时期的玄学家对"圣人"有情无情曾有所讨论。何劭《王弼传》中载,何晏认为圣人无喜怒哀乐之情，论说得很精彩，当时钟公等名士都赞同，只有王弼不赞同。王弼认为，圣人与一般人相比，他们的不同在精神境界上，而在五情上是相同的。为什么呢？这是因为孔子对颜回"遇之不能不乐，丧之不能无哀"。可见圣人是有喜怒哀乐之情的。但是圣人之所以为圣人，因其有一高的精神境界，他们可以做到"情不违理"。

在《世说新语·文学》中也有一条关于"圣人有情无情"问题的讨论。王修（字敬仁）在瓦官寺中遇到和尚僧意，僧意问王修：圣人有情否？王修回答说：没有。僧意进一步问：那么圣人不就像一根木头柱子了吗？王修回答说：圣人像算盘一样，算盘虽无情，但打算盘的却有情。僧意又说：如果圣人像算盘一样，那么是谁来支配圣人呢？王修回答不了，只能走了。从此段讨论看，王修也许不知道王弼对"圣人有情"的看法，圣人有"情"但可"以情从理"。"七贤"名士有"情"，但并不都是"以情从理"的，而是"恣情任性"的，他们的生活是把自己的"真情"放在第一位，认为这样才是人之为人应有的，隐藏自己的"真情"是"小人"。

《世说新语·任诞》：阮籍的邻居中有一位美貌出众的妇人，常烧饭菜，卖酒。有一天阮籍和王戎在那儿喝酒，喝醉了，就睡在那妇人身旁。那妇人的丈夫起疑，就去察看，看到阮籍没有什么不检点的行为。刘孝标的注有个相似的故事说：阮籍的邻居中有一未嫁的女子甚美，不幸早逝。阮籍和她无亲无故，根本不认识，却到那里悲哀地哭，哭完了就扬长而去。刘孝标评说："其达而无检，皆此类也。"（阮籍的行为虽说是任情放达但不够检点吧！）这两则故事都说明阮籍虽有违当时的"礼教"，但确实是"情"之所钟者。

无独有偶，阮籍侄子阮咸也有一故事，《世说新语·任诞》中载：阮咸和他姑姑家的鲜卑女仆有染。后阮籍母去世，姑姑要回夫家。起初说可以把鲜卑女仆留下，但临行前，他的姑姑又把女仆带走了。于是阮咸借了匹驴子穿着孝服去追赶，然而跑了一阵驴子跑不动了，不得不回家，说：人种不可失。因为这位女仆怀有他的孩子。虽然魏晋时虚伪的礼法早已败坏，但世家大族仍然在表面上固守礼法。然而"任自然"的"七贤"多把"情"看得比礼法更重，因此常常做出违反"礼法"的事。从以上二例，可以看出阮氏叔侄不仅因"情"而坏礼，而且对妇女也比较尊重。

在《世说新语》中还记载有嵇康锻铁、阮籍狂啸的故事，这都表现了"七贤"的"恣情任性""逍遥放达"的性格和精神面貌。

《世说新语》赞扬当时某些名士如"七贤"所追求的"逍遥放达"，也并非无条件地赞美，而是以精神上的自由为高尚，认为言谈举止必须有"真情"，应顺乎"自然本性"，既不要拘泥于虚伪的"名教"，也不去追求肤浅形式上的放达，成为"假名士"。乐广曾批评元康后的"放达"。他认为，竹林以后元康时期的"名士"，如王澄、胡毋辅之之流"皆以任放为达，或有裸体者"。盖"任放"是指任意放纵，而"达"是指一种"任自然本性"的精神境界。所以没有"达"这种精神境界的"放"只是"放达"的低级形式。魏晋之际，由于当时的社会政治形势，如"七贤"等名士是有精神境界的"放达"，而西晋元康中的某些名士的"放达"是无精神境界的一种形式上的"任放"。鲁迅说："（竹林七贤）他们七人中差不多都反抗旧礼教的，……然而后人就将嵇康、阮籍骂起来，人云亦云，一直到现在，一千六百年。季札说：'中国之君子，明于礼义，而陋于知人心。'这是确的，大凡明于礼义，就一定要陋于知人心的。所以古代有许多人受了很大的冤枉。"鲁迅的意思是说，中国的一些所谓"君子"，只知道去维护那些虚伪的"礼义"，缺乏对人心的了解，所以在历史上有"真性情"的人常常被社会所误解了。我想，鲁迅是真的了解"七贤风度"的智者。

论老子的书和他的思想

一、老子和《道德经》

老子是中国最伟大的思想家之一，历史上认为他是道家思想的创始人，在世界文化史上也占有非常重要的地位。要了解中国历史和文化，不了解老子及其思想是不行的。老子姓李名耳，字聃，楚国苦县厉乡曲仁里人，即在今日河南鹿邑县境内。老子生于何年，死于何年，史书上没有明确的记载，我们只知道他比孔子（前551—前479）年长，因为孔子曾向老子请教过关于"礼"的问题。老子既然姓李名耳，为什么叫他"老子"呢？据史书记载说，因为他活得很长，所以称他为"老子"；或者说他生下来时，头发是白的，像老人一样，所以称他为"老子"。这些说法是否可靠，无法考证了。

在司马迁作的《史记》中记载着孔子向老子请教"礼"的事，所谓"礼"指的是周王朝关于礼仪和制度之事，而老子告诫孔子说："你所说的那些东西，早已过时了，不过留下一些说法而已。君子得其时可以出来做官，不得其时应该隐居起来。我听到一种说法，善做生意的人，把他的财宝深藏起来，好像没有一样；智慧超人的君子，外貌好像愚笨的人一样。因此，你应该去掉骄气和奢望，这些东西对你的身体没有什么好处。我所能告诉你的就是这些。"孔子听了老子这些话，回去后对他的弟子说："鸟，我知道它可以在天上飞；鱼，我知道它可以在水里游；野兽，我知道它可以在山中跑。但是在山中跑的可以用网子捕捉，在天上飞的可以用箭射，在水中游的可以用钩子去钓。至于龙，我则不能知道它如何乘风云而在天上。我今天见到了老子，就像见到了龙一样呀。"可见孔子对老子非常佩服。孔子见过老子几次，没法子做确切的考证。在《庄子》书中，有多次孔子往见老子的记载，但大多是抬高老子而贬低孔子的故事，不一定可靠，我们就不去说了。

据《史记》记载，老子在周王朝待了很久，并做过"周守藏之史"，也就是说做过周王朝的图书馆馆长之类，后见到周王朝的衰落，因而离开了周王朝的所在地，西行，至一关口。守关口的官吏尹喜见到老子，对老子说:"你要去隐居,给我留下一部书吧!"于是老子作了上下两篇讲"道"和"德"的书,共五千来字,然后出关而去,"莫知其所终"。《史记》只说老子"出关",并没有说明是哪一个关口。据后来的说法,一种说是"散关",在今宝鸡市西南;一说是函谷关,在今陕西桃林县西南。这也没法子说清,但从陕西地区西去大概是真的了。关于老子骑青牛出关的故事,最早见于据说是东汉刘向作的《神仙传》中。《神仙传》中说:老子西游,关令尹喜望见有紫气在关口上面飘浮,这时老子正骑青牛而过。为什么老子骑的是青牛,而不是其他颜色的牛?当然牛多为青色,但也可能和道教有关。因最早的一部与道教有关的书是东汉时的《太平经》,在《太平经》中把"青色"看成"仁爱之心"的表现。这只是我的一种猜测,需要详细考证。

东汉时期,在公元一世纪前后,中国本民族的宗教——道教建立了。道教要找历史上的一位大人物做他们的始祖,于是找到了老子,并把老子神化。魏晋时期,开始用"太上老君"称呼老子。到唐朝,由于唐朝的皇帝姓李,又把老子推崇为他们的祖先,为他立庙,并追封他为"太上玄元皇帝""大圣祖玄元皇帝"等,并把《老子》这部书定为朝廷考试科目。唐玄宗还亲自注解了《老子道德经》,以后宋徽宗、明太祖也注释过《老子道德经》,可见自唐以后历代皇帝十分重视这部书。由于道教把老子（太上老君）奉为他们的始祖，所以在道教的宫观中都把老子作为最高的尊神之一来供奉，例如北京的白云观、四川的青羊宫、湖北武当山的道观，都把太上老君作为尊神来供奉。这些当然都是宗教把老子神化了。

老子出关留下了上下两篇讲"道"和"德"的书，这部书在历史上称为《老子》，又称为《老子道德经》或《道德经》，共八十一章，五千字左右。原来这部书并没有叫"经"，《史记》只说老子"著书上下篇"。1973年在马王堆出土的帛书本《老子》，也只是称"德"（篇）和"道"（篇），而且与今本《老子》有所不同，是"德"（篇）在前，即今本第三十八章（包括第三十八章）以后的部分在前，"道"（篇）在后，即今本第三十八章以前的部分在后面。但马王堆本《老子》和今本《老子》在内容上没有太大的不同。最近我们又看到湖北荆门出土的《郭店楚墓竹简》，其中有三组《老子》的竹简，共一千七百多字，约为今本的三分之一。这座楚墓是战国中期偏晚的墓葬，在公元前300年左右，比马王堆出土的《老子》要早一百多年。

因此，可以断定《老子》这部书在公元前300年就成书了。这样有关《老子》成书年代的争论可以说有一部分问题解决了，例如有说《老子》这部书成书于《庄子》之后或说成书于战国晚期就不能成立了。这三组《老子》，据学者研究，第二组（乙组）的主题是修道，第三组（丙组）的主题是有关治国的，第一组（甲组）则两者都有。除甲、丙两组都抄有今本第六十四章的后半，三组内容没有出现重复的。从其所包括的各章看大都与今本相同，但其中也有非常不同的地方。例如今本第十九章："绝圣弃智，民利百倍；绝仁弃义，民复孝慈；绝巧弃利，盗贼无有。"而楚墓竹简本作"绝智弃辩，民利百倍；绝巧弃利，盗贼无有；绝伪弃虑，民复季子"（据裘锡圭先生的解释）。这说明在战国中期以前《老子》书中没有明显反对"圣人"和"仁义"的内容。

因而有的学者认为道家和儒家最初并不那么对立，是在庄子以后才对"圣人"和儒家的"仁义"进行批判的。《老子》这部书被称为"经"，是汉朝以后的事，是在《汉书·艺文志》中把《老子》这部书叫"经"。总之，《道德经》这个名称是后加的，不是《老子》书的原名。《老子》或叫《道德经》，是道家的经典，历代的注解很多，据元朝道士杜道坚在《道德玄经原旨序》中说"《道德（经）》八十一章，注者三千余家"，当然现在很多已经散失，可是存在的总也还有几百种。在我国历史上许多重要思想家都是通过注释《老子》来宣扬他们的思想。东汉末道教建立，《道德经》又成为道教的经典，在道教的大丛书《道藏》

中，存有五十几种《道德经》的注解。

二、我们应如何理解《道德经》的"道"

老子的著作《老子》这部书被称为《道德经》不是没有道理的，因为"道"和"德"这两个概念可以说是《老子》一书中最重要的概念。"道"是道路的意思，人走路必须顺着道路走，因此可以引申为"规律"或"法则"的意思。老子把"道"看成一切事物的总法则、总根源。"德"是"得到"的意思，人从"道"那里得到的是人的"德性"，物从"道"那里得到的是物之"德性"，或者说人可以从"道"那里得到对宇宙人生的总法则和总根源的体认。我们可以把《道德经》中讨论"道"的问题的叫"道论"，讨论"德"的问题的叫"德论"，"德论"是依据"道论"而有，或者说为了要建立"德论"而要求有"道论"。

为什么老子要提出一个"道"来作为一切事物的总法则和总根源呢？这是因为自西周以来，把"天"看作支配一切的力量，是一切事物的总根源。因而"天"是有意志的，可以赏善罚恶的。但是实际情况并不是如此，为什么社会上有那么多不公和邪恶而不受到惩罚，反而善良的人并不一定会得到好报呢？特别是到了春秋时期，社会问题越来越多，在《诗经》《左传》中都表现出对"天"的怀疑，甚至诅咒。例如《诗经·大雅·荡》中说："荡荡上帝，下民之辟，疾威上帝，其命多辟。"（"坏了坏了，上帝！下民的君主呀！暴虐的上帝，他的德行是多么邪僻呀！"）《小雅·节南山》："不吊昊天，乱靡有定。式月斯生，俾民不宁。"（"不善良的天，祸乱不断地发生呀！而且是一个月比一个月更甚，使得老百姓不得安宁。"）这些都是对"上帝"（或"天"）的直接的批判。《左传·僖公十六年》记载，在宋国发现陨石从天上坠落和"六鹢退飞"（鹢是一种水鸟）的现象，人们认为是一种不祥预兆。但周内史叔兴认为这些是自然现象，和"天"的意志无关，他说这些"是阴阳之事，非吉凶所生也，吉凶由人"。这就是说，"天象"与人间之吉凶无关，吉凶都是由人事自己造成的。可见春秋是一个思想大解放的时期。因而就有人认为，社会上的不公正和人们的痛苦，并不都是"天"（天帝、上帝）所给予的，而是人自己造成的，因此"天"的地位和"神性"大大降低了。有的思想家提出了"天道远，人道迩（近）"，这就是说，"天"有天的法则，人有人的法则，"天道"并不能完全支配人类社会。既然"天"和人都有各自的法则，那么有没有一个共同的法则呢？也就是有没有一切事物的总法则呢？在这样的背景下，老子提出"道"作为一切事物的总法则。首先，他提出了在天地产生之前，"道"已经存在了，"有物混成，先天地生"，在天地产生之前有那么一个没有分化的浑然一体的东西就存在了，这个浑然一体的存在本来是无法给它一个名称的，我们只能勉强把它称为"道"。那么，为什么会有天地万物，天地万物是如何生成的呢？他说：

> 道生一，一生二，二生三，三生万物。万物负阴而抱阳，冲气以为和。

这段话有不同的解释，这里我只能介绍一种，大多数学者认为是比较合理的一种。老子认为宇宙万物的生化是由"道"的存在而始有的。"道"既是宇宙的未分化状态，又是宇宙存在的总根源。"道"生化出来"元气"（统一没有分化的气），然后由"元气"分化出相对的阴阳二气。阴阳二气的交互作用而生化出来天地人（或者第三种事物）。"三"在我国有"多"的意思，有了第三种事物就可以有所有的事物，所有的具体事物都是由阴阳构成，从正面看是阳，从背后看是阴，因而所有的事物都是由阴阳二气相互激荡而产生的。

这就是说，老子构造了一个宇宙发生发展的图式，而把"道"抬高到比"天"更高的地位，是一切事物产生和存在的总根源。由于"道"比"天"更根本，也比人更根本，它的特性是"自然无为"，如说"辅万物之自然而不敢为"是自自然然的。"道"不是有意志、有目的地要求万物做什么。因此，所谓"道"的"自然无为"是说"道"的本性是如此，也要求一切事物应顺应自然，让天地万物按照其本性的要求自然而然地生存着、发展着。日本学者福永光司解释说："在天地自然的世界，万物以各种形体而出生，而成长变化为各样的形态，各自有其一份充实的生命之开展。河边的柳树抽发绿色的芽，山中的茶花开放粉红的花蕊，鸟儿在高空上飞翔，鱼儿从深水中跃起。在这个世界，无任何作为性的意志，亦无任何价值意识，一切皆是自尔如是，自然而然，绝无任何造作。"[1]正如老子所说："道""莫之命而常自然"，"道"不命令天地万物做什么，而天地万物经常是自然而然地运行。因此老子主张一切事物都应效法"道"的自然而然，他说：

  人法地，地法天，天法道，道法自然。

---

[1] 福永光司：《老子》，陈冠学译。

"人"要效法"地","地"要效法"天","天"要效法"道","道"是自自然然的。("道"以"自然"为法则)归根结底是"人"应该效法"道"的"自然无为"。老子认为，人类社会如果能够按照"道"的"自然无为"的特性去做，那么社会就会和谐安宁。如他说：

> 是以圣人处无为之事，行不言之教，万物作焉而不为始，生而不有，为而不恃，功成而弗居。夫唯弗居，是以不去。

圣人应该效法"道"，以"无为"的态度来处理世事，实行"无言"（不做什么指示）的教导，让万物任自己的本性发展着而不去干涉（王弼本"不为始"作"不辞"，"不辞"有"不干涉"的意思），生养万物而不据为己有，推动万物而不自以为有功，功业成就而不自我夸耀。正因为不自夸耀，所以圣人的功绩才不会泯没。所以第十七章也说："功成事遂，百姓皆谓我自然。"圣人效法"道"，这样什么事情都自然而然地办好了，而老百姓都说："我们本来就是这样的。"

老子这种关于世界（宇宙）如何生成以及圣人效法"道"的学说在他全部思想中虽然非常重要，但他的这一关于世界（宇宙）生成的学说并不是他的"道论"的全部。在"道论"中还包含着一种中国哲学中最古老的本体论学说。

老子说:"道生一。"如上所说"一"是"元气",而"元气"是构成天地万物的有形有象的物质实体。但老子认为"道"是无形无名的,因此"道"和"元气"就不可能是具有同样性质的东西,而且如上所论"道"也不是如上帝(天)那样有意志、可以赏善罚恶的精神性实体,那么"道"究竟是什么呢?据《道德经》第四章中说:"道冲而用之或不盈,渊兮似万物之宗。"(按:"宗"即根本、本体的意思)这意思是说,不可见(无形)而无所不在的"道",它渊深无以名状呀,是万物存在的根据。把"道生一,一生二……"与"道冲而用之或不盈……"这两段话联系起来分析,我们可以发现"道"既是产生天地万物的总根源,又是在天地万物之中作为天地万物存在的根据,或者说是天地万物存在之本体,而天地万物则是本体之"道"表现的形形色色的现象。"道"与"元气"(或与"元气"构成的天地万物)不同,不是某种物质性实体,而是作为物质性实体的形形色色的事物存在之根据,它寓于一切事物之中,这就是说"道"是事物存在之理(法则、规律或道理)。

因此,《老子》一书不仅讨论了宇宙生成论问题,而且也讨论了本体论问题。这点是应为我们所注意的。为此,我想先说明一下什么叫"宇宙生成论",什么叫"本体论"。

宇宙生成论(Cosmology)和本体论(Ontology)都是从西方哲学借用过来的,但利用和借鉴西方哲学的研究成果来研究中国哲学无疑有着重要的意义,这不仅使中国哲学有一个可以对照的"他者"作为参照系,而且我们可以取西方哲学分析之长处来对中国哲学做较为清晰的分疏,把问题弄清楚。我们知道,黑格尔的《哲学史讲演录》里认为中国(东方)没有哲学固然不对[1],但我们也得承认在西方哲学传入中国之前,在中国没有把"哲学"从"经学""子学",甚至"史学"中分离出来,使之作为一门单独的"学科"知识来进行研究,而"哲学思想"往往是在"经学"或"子学"中来进行研究的。把中国的哲学作为一门独立学科来研究是近代西方哲学输入以后的事。一旦我们把哲学作为独立的学科来研究,就发现中国有着丰富的哲学思想,而且表现出很有意义的特色。之所以能如此,不能不说正是由于西方哲学的输入而起的作用。就老子哲学看,《道德经》中

---

[1] 黑格尔《哲学史讲演录》在说到东方思想时,他说:"我们在这里尚找不到哲学知识。"说到孔子时,他说:"孔子只是一个实际的世间智者,在他那里思辨的哲学一点也没有——只有一些善良的、老练的、道德的教训,从里面我们没获得什么特殊的东西。"

不仅有相当精彩的宇宙生成论思想,如上面所述,而且还包含着十分独特的本体论思想。

所谓"宇宙生成论",据达果伯特·D.鲁纳斯(Dagobert D.Runes)所编的《哲学辞典》(*The Dictionary of Philosophy*)说:宇宙生成论是研究论及宇宙起源和构成这方面问题的哲学分支,它是和本体论与形而上学相对而言的,它是研究宇宙实在的最一般的特征,但又是和自然哲学相对而言的,自然哲学是研究自然界中的对象的基本规律、进程和分类的。而本体论是研究关于"存在自身"的科学,这里"科学"一词是就古典意义上说的,即是关于"终极原因的知识",也就是第一原理的知识(第一原理是由亚里士多德提出的,也叫第一哲学。它是研究存在之为存在以及存在的自在、自为性质的科学)。而这第一原理(终极原因)对于人的智慧来说,只能是靠它自身本性的能力得到的。简单来说,宇宙生成论是讨论宇宙起源和构成问题的,而本体论是讨论宇宙存在的根据问题的。

《道德经》第四十章中说:"天下万物生于有,有生于无。"天下万物的存在都是有形有名的,但有名有形的东西成为有名有形的东西是由无名无形的"道"成就的。在《道德经》中多处以无名无形来说明"道",例如第一章说"道可道,非常道",可以说的"道"不是恒常存在的

"道",也就是说可以说的"道"不是宇宙存在的终极原因的道。第四十一章说"道隐无名",第三十二章说"道常无名",第二十五章说"有物混成,先天地生,寂兮寥兮(无声,无形)……吾不知其名,字之曰道,强为之名曰大"。这些都说明"道"是无名无形的,是不能用言语说明的,是"至大无外"的,又是"至小无内"的,"朴虽小,天下莫能臣"。是"至大"则为"大全";是"至小",则"无所不在,所在皆无"(不是实体)。因此,它不是实体性的,所以《道德经》中常用"惚兮恍兮"(没有固定的形象)、"恍兮惚兮"(不是什么实体)等来说明"道"。

那么"道"到底是什么呢?这点可以从第四十一章中得到解释,文中说"大音希声,大象无形,道隐无名"。这就是说,最基本(根本)的声音是"无声",最根本的(无所不包)的形象是"无形",所以"道"是隐藏在天地万物里面的成就天地万物的"无以为名"者(无法给它一个名称的)。音乐,如果是宫,就不能同时是商;形状,如果是方,就不能同时是圆。但是"无声"却可以做成任何声音,"无形"却可以做成任何形状,因此"无"可以成就任何"有"。但是我们不能把"无"理解为"虚无"或者说是没有意义的。而用"无"来说明"道",正是为说明"道"不是什么具体的东西而是一切具体的东西存在的根据。我们可以举一个例子来说明这个问题。人们可以问:先有飞机还是先有飞机之理？照老子看，应是先有了制造飞机的理论，才可以制造出飞机来；而飞机制造出来后，飞机之理也就存在于飞机之中，而成为实现的理。宇宙有着它的总规律（理），这就是"道"，而这个"道"是无名无形的，所以它的性质是"无"。"理"本身也是无名无形的，只能是寓于有名有形之物的"理"或"道"。

这样我们就可以看出，老子的"道论"同时也是一种形而上的本体论，正如《周易·系辞传》所说："形而上者谓之道，形而下者谓之器。""道"是形而上者，"器"（具体的事物）为形而下者，因此在老子看来"道"和"器"（天地万物）虽有形上形下之分，但"道"又寓于"器"之中。因此，在中国哲学中，可以说《道德经》中包含着的宇宙生成论和形上本体论两个哲学模式，一直对中国哲学产生重大影响，如汉朝的《淮南子》继承和发挥了其宇宙生成论的系统，而王弼的《老子注》则力图排除《老子》一书中的宇宙生成论方面，而发展着它的形上本体论方面。

三、我们应如何理解《道德经》的"德"

在《道德经》有十六章直接讲到"德"，其中有十章在下篇，也许这就是我们常说《道德经》的上篇主要讲"道",下篇主要讲"德"的原因吧。而且马王堆帛书本《老子》是把"德"（篇）（今本的下篇）放在"道"（篇）前面的，这说明帛书本更为重视治世、人事。而且我们可以假设原来《老子》先有"德"（篇），为要给"德"（治世和人事等问题）找一个哲学上的根据，所以要有"道"（篇）。但就今本和帛书本的实际情况看，对"道"和"德"的问题的讨论并没有非常明确的分工。郭店竹简本包含今本《老子》的三十一章，其中有十六章在上篇，十五章在下篇，这三十一章中讨论治世、人事的比较多，但讨论纯哲学的也还占一定篇幅，例如其中包含了第四十章："反者道之动，弱者道之用。天下万物生于有，有生于无。"另有第十六章、第二十五章、第三十二章、第四十一章、第五十二章等讨论哲学问题的部分。所以不能说郭店竹简《老子》中没有讨论哲学问题，甚至可以说郭店竹简《老子》不仅讨论了宇宙生成问题，而且讨论了形上本体论问题（如第四十章和第四十一章）。

"德"就是"得"的意思，可以理解为：天地万物之所以生成是由"道"得到而显现为其"德"。王弼注"是以万物莫不尊道而贵德"谓："道者，物之所由也；德者，物之所得也。"意思是说，"道"是贯通于万物之中，它是万物得以存在的根据（本体）；"德"是万物得之于"道"的自然之性（德性或性）。故第二十一章中说：''孔德之容，唯道是从。''最高明的"德"只是遵循"道"的要求。

但在《道德经》中"德"也还有与上述意思相连的另一种意思，即"品德"，如第五十四章中所说："修之于身，其德乃真。"如果人能很好地按照"道"的要求修养自己，他的品德就是非常纯真的。而万物纯真的"品德"正是其自然之性（德性）的表现。这就是说，"道"的特点是"自然无为"，得道的人的品德（或说为人处世之方）也应是自然无为。我们甚至可以看到，在《道德经》中，有的地方"德"直接就是"得"的意思。如第四十九章："善者吾善之，不善者吾亦善之，德善。"这里的"德"假借为"得"，作动词用，是"得到"的意思。

下面我们对《道德经》中的"德"做些分析。第五十一章中说："道生之，德畜之，物形之，势成之。是以万物莫不尊道而贵德。道之尊，德之贵，夫莫之命而常自然。"意思是说，万物由"道"所生，由"德"培育，做成不同的形状，在一定的形势中得到完成。因此，万物没有不尊崇"道"的规律的，没有不顺乎德的要求的。"道"之所以被尊崇，德之所以被重视，就在于它们不命令万物做什么，而万物都依其自然之性存在和发展着。这段话的根本意思就是说：万物顺应自然无为是"道"和"德"的要求。因此，我认为"顺自然无为"是"道"的，也是"德"的第一要义。

前面在讨论"道"的意义时，已说到"道"的特性是"自然无为"，而事物或人的"德"是得自于"道"的。因为"德"的性质是得之于"道"，其"德"的特性，也必然是"自然无为"。而从《道德经》的一个方面看，它是一部治世之书，所以历史上许多学者把它看成一部君人南面之术（统治术）的书，而实际上在西汉初年文帝、景帝时就是以《道德经》的"自然无为"作为治世之指导方针，这就是所谓的文景之治。"自然无为"虽说是对所有人说的，但从《道德经》上看，则主要是对统治者说的。在先秦时代，往往把有德行有功业的统治者称为"圣人"，例如儒家把尧舜等称为"圣人"，墨家把大禹称为"圣人"（或"圣王"）。在《道德经》中的"圣人"就是指能行"无为"之治、顺应"自然"要求的统治者。

老子理想的"圣人"是行无为而治的，是让万物顺应自然而生生化化的，他们这样做实是对万物有极大的功劳，可他们又不自恃有功，如果自恃有功，那就违背了"顺自然"的要求，而会把自然界和社会搞乱。所以老子说：圣人"以辅万物之自然而不敢为"。（圣人的作用就只是辅助万物的自然发展，而不敢勉强万物做什么）老子用很形象的说法来表达他的"顺自然"的思想。他说"治大国若烹小鲜"。治理大的国家就应该像烹调小鱼,你不要老去翻腾老百姓,没完没了地翻腾老百姓就像在锅里老翻腾小鱼一样,把小鱼翻腾得稀烂。老子引用古圣人的话:"我无为而民自化,我好静而民自正,我无事而民自富,我无欲而民自朴。"统治者应该"无为"(不要干涉老百姓的生活)、"好静"(不要成天运动老百姓)、"无事"(不要没事找事地翻腾老百姓)、"无欲"(不要贪得无厌地搜刮老百姓),这样老百姓自然会自己教化自己,使自己的生活走上正轨,自己富足起来,自己知道朴素的可贵。我想,这大概是老子总结的古代圣人治理国家的经验之谈。推行这种"无为之治"的思想,照老子看要能做到"圣人无常心,以百姓心为心"和"少私寡欲"才有可能。

"圣人无常心,以百姓心为心"(《老子》第四十九章),是说统治者没有自己个人的固定不变的意愿,而要以老百姓的意愿作为他的意愿。这说明,老子比较懂得要使社会得到安宁,必须顺民情,"顺民情"也就是顺老百姓的自然之性。如果这样,统治者虽然处在统治的地位,而老百姓既不会感到有负担,又不会感到对他们有什么妨碍,这样老百姓就会拥护他。"是以圣人处上而民不重,处前而民不害,是以天下乐推而不厌。"(《老子》第六十六章)老百姓之所以遭受饥荒,往往是由于统治者收税太重;老百姓难以统治,往往是由于统治者干涉太多；老百姓之所以用生命冒险，往往是由于统治者对老百姓的搜刮太厉害。"民之饥，以其上食税之多，是以饥。民之难治，以其上之有为，是以难治。民之轻死，以其求生之厚，是以轻死。"（《老子》第七十五章）老子的这种思想，不能说对今天人类社会没有意义。

《老子》第十九章说："见素抱朴，少私寡欲。"这也是对统治者说的，统治者应该保持朴素，减少自私和贪欲。"朴"这个字在《道德经》中很重要，有它特殊的意义。老子有时用"朴"来说明"道"，如第三十七章说："道"是"无名之朴"。"朴素"就是"朴素"，是无法说明的（无以命名的），所以用"无名之朴"说明"道"正表明"道"是"至小无内"，故能无所不在而所在皆无。第三十二章中说："道常无名，朴虽小，天下莫能臣也。""道"无法给它一个名称，看起来它就是本然的样子，好像很细微，但是天下没有什么东西可以支配它。故第二十八章说，圣人为人处世应该效法"道"。而圣人效法"道"，他由"道"所得到的"德"是充足的，这叫"复归于无极"，也叫"复归于朴"。说"道"是"无名之朴"，因而也就表明"道"是"无极"，它超越时空，而又无所不在。"道"是万物的本体，贯通于万物之中，在方为方，在圆为圆，但它既不是"方"，也不是"圆"，而是可以做成方，做成圆。

我们说"道"是"无形""无名"的没有经过加工雕凿

的东西，即最"自然"的东西。老子有时又用"朴"来说明"德"，既然"德"是得之于"道"，"道"是"无名之朴"，"德"自然也是表现为"朴"的，所以老子说："常德乃足，复归于朴。"这是说的圣人，圣人的"德"是恒常自足的，因为他能复归于自然无为的朴素状态。就用"朴"来说明"道"和"德"，不仅表明老子对"道"和"德"的特性理解的一致性，而且说明"德"是"圣人"的一种品德。

《老子》中对"欲"和"私"都是取批判态度，认为"罪莫大于可欲，祸莫大于不知足，咎莫大于欲得"。（《老子》第四十六章，此据马王堆本）罪过没有比诱人的贪欲更大的了，祸患没有过于不知道满足的了，罪恶没有过于贪得无厌的了。所以老子说，知道满足为止的人，永远是满足的。为此，他认为，那些对外在的欲望的追求是对自己最大的伤害，如他说"五色令人目盲，五音令人耳聋，五味令人口爽，驰骋畋猎令人心发狂，难得之货令人行妨"（《老子》第十二章），缤纷的色彩使人眼花缭乱，纷杂的音调使人听觉失聪，丰美的宴席使人的口味败坏，纵情打猎使人心发狂，稀有的东西（货品）使人偷和抢。因"圣人"以"不欲"（没有个人的欲望）为他的欲望："圣人"的"不欲"而静守其位，天下就会自然安定（"不欲以静，天下将自定"，《老子》第三十七章）。

据此，老子认为，统治者要领导老百姓，必须把自己的利益放在老百姓的利益之后。因此，天下的老百姓对他爱戴而不厌弃。因为他不和老百姓争什么，所以天下没有人能争得赢他。因而，"圣人"虽然治天下，而能使天下人的心思也像他一样都归于素朴。老子认为要做到这点很不容易，圣人必须把自己的那些极端的、奢侈的、过分的做法都去掉，这都是说要"少私"。

先秦是一个诸侯纷争的时代，当时的各学派都提出一套取天下的策略（原则），例如儒家提出要用行"仁政"来一统天下，墨家提出要用"兼相爱，交相利"取天下，法家提出要以"强兵""兼并"的办法取天下，那么道家要用什么办法取天下呢？老子说："夫唯不争，故天下莫能与之争。"（《老子》第二十二章）"以其不争，故天下莫能与之争。"（《老子》第六十六章）为什么"不争"反而使天下之人都不能和他争呢？照老子看，最高明的统治者像水一样，水善于滋润万物而不和万物相争，停留在普通人不愿意待的地方，所以最接近于道。正因为他（圣人）的品德像水那样与万物无争，所以不会有什么过错。（"上善若水，水善利万物而不争，处众人之所恶，故几于道"，《老子》第八章）我们知道，老子贵柔，以柔能克刚，对此他也是用水的性质来做证论，他说："天下莫柔弱于水，而攻坚强者莫之能胜，其无以易之。弱之胜强，柔之胜刚，天下莫不知，莫能行。"

(《老子》第七十八章)

我认为,老子的"不争"不是没有道理的,相反,在一定条件下是一种深刻的辩证法思想,包含着某种真理的因素。我们试想,一个学者整日想的就是如何"争名夺利",他能成为一个真正对人类社会有贡献的人吗?就一个国家说,你把掠夺他国财富、侵占他国领土作为国策,从长远看,从根本上看,这难道不要受到全世界人民的反对吗?以谦虚的态度为人处世,别人就不好反对你,甚至会拥护你。霸权在世界上是行不通的,水性柔,但柔能克刚:"不争"似退,而实会使得别人无法和他争,所以《老子》的最后一章(《老子》第八十一章)中说:"圣人之道,为而不争。"圣人所行之道,只是做他应该做的事而不争什么,不去争取那些不应属于自己的。

老子根据"道"的"自然无为"的要求为人类构筑了一个理想的社会,这就是在《老子》第八十章所描述的"小国寡民"的社会。他说:

> 小国寡民,使有什佰之器而不用,使民重死而不远徙。虽有舟舆,无所乘之。虽有甲兵,无所陈之。使民复结绳而用之。甘其食,美其服,安其居,乐其俗,邻国相望,鸡犬之声相闻,民至老死不相往来。

老子的"小国寡民"的思想社会当然是乌托邦。可这一思想在先秦战乱纷纷之时，也正是一种对现实不满的消极反应。这种乌托邦式的空想，在中外历史上所在多有，如在西方有莫尔的《乌托邦》、康帕内拉的《太阳城》等，在中国有庄子提出的所谓"无何有之乡"，当然更为典型的是陶渊明的《桃花源记》。陶的这篇文章可以说就是以《老子》第八十一章所述为蓝图，而创造的一个空想的"大花园"。

对老子的"德"的理解，就是他的治世和做人的一种理想境界，他认为这种境界是符合"道"的要求的。其中当然包含着许多应为我们今天所抛弃的内容，但要看到他的许多思想对今日社会来说，在处理国与国、人与人之间的关系上也许是一服清凉剂吧！如果我们看看今日人类社会的弊病，无论中外社会权力和金钱上的欲望都在不断地膨胀，在海、陆、空诸方面的争夺，以及对自然界的肆意破坏，我们难道不可以从"自然无为"这个角度来反思一下吗？我们难道不应该提倡一点"少私寡欲"吗？

"人间佛教"之意义

星云大师在2001年1月1日给各位护法和朋友们祝贺新年的信中说:"长期以来,佛光山秉持推动'人间佛教'的宗风,一方面重视生活佛法的落实,同时也不断地举办各项学术会议,编撰《佛光学报》……推广佛教的文化。"星云大师在信中还用非常简明的话说明"人间佛教"所从事的事业是"融合传统与现代弘法的创举"。短短的一句话表明了打通传统与现实佛教的"时代性"与"人间性"。我想,"佛法"无他,就是为"人间"造福,故大师自去年又创办了《人间福报》,"为佛教广开言路,也为传播佛法尽一份心意",使大家"分享'福报'和般若智慧"。

星云大师的贺年信还向我们宣示了"佛光"一贯的宗旨:"佛光山弘扬人间佛教,以出世的精神,做入世的事业，为娑婆世界点燃明灯；佛光净土是诸佛净土的总归，人间佛教所成就的，就是佛光净土。""佛法要有人间性格。"[1]我们要了解"人间佛教"应该深入地体会星云大师贺年信的意义。我作为一名对佛教仅有初浅知识的读书人，对星云大师的"人间佛教"自是十分赞成。

从历史上看，佛教无论在印度，还是在中国，都是和当时人类社会的福祉相关。中国佛教自二十世纪起，太虚法师首倡"人间佛教"[2]，至星云大师"人间佛教"得到发扬光大，由中国而走向世界，都是为了"在不同的时空因缘里，秉持佛陀重视现生、示教利喜的本怀，弘扬人间佛教，开创佛光净土"[3]。

太虚法师在他的《人生佛学的说明》中已有这样的见解："佛法虽普为一切有情类，而以适应现代之文化故，当以'人类'为中心而施设契时机之佛学；佛法虽无间生死存亡，而以适应现代之现实之人生化故；当以

---

1 佛光星云编著：《佛光教科书（11）·佛光学》。并可参见印顺：《人间佛教要略》，见汤一介主编：《二十世纪中国文化论著辑要丛书·人间关怀卷》。
2 邓子美《传统佛教与中国近代化》，即以太虚法师1913年佛教革命、1928年演讲"人生佛教"、1934年发表《怎么来建设人间佛教》来说明"人间佛教的发展过程"。参见北京大学周学农的博士论文《出世、入世与契理契机——太虚法师的"人间佛教"思想研究》。
3 佛光星云编著：《佛光教科书（11）·佛光学》。

'求人类生存发达'为中心而施设契时机之佛学,是为人生佛学之第一义。"[1]这就是说,佛教要在佛法的根本理论基础上适应现代化人类社会生活的要求以求发展,所以太虚法师说:"佛学,由佛陀圆觉之真理与群生各别之时机所构成。故佛学有两大原则:一曰契真理,二曰协时机。非契真理则失佛学之体,非协时机则失佛学之用。真理即佛陀所究竟圆满觉知之'宇宙万有真相',时机乃一方域,一时代,一生类,一民族各别之心习或思想文化。"[2]这就是太虚法师"人间佛教"的"契理""协机"之要旨。

星云大师在《佛光学》的"自序"开头就说:"佛教

---

[1] 太虚法师:《人生佛学的说明》,见汤一介主编:《二十世纪中国文化论著辑要丛书·人间关怀卷》。按:张曼涛先生在《现代佛教学术丛刊·人生与佛教卷》的"编辑旨趣"中说:人生佛教与人间佛教,在含义上是有区别的,它们代表两种不同层次。其差别在于:"人生佛教指个别的普遍性,人间佛教是指共同的普遍性。亦即一以'人'的个体主体性为物件,一以'人'的共同群众性为物件。"这就是说,人间是指包含有文化、社会既定的生存世界,而人生是重在如何改造个人的生存意义和生存价值。参见北京大学周学农的博士论文《出世、入世与契理契机——太虚法师的"人间佛教"思想研究》。按:我认为,太虚法师的"人生佛教"与"人间佛教"的基本含义是一致的,例如,太虚法师在《人生的佛教》开题中说:"今之人生佛教,侧重于人生之改善,特出者即是依之发菩提心而趣于大乘之佛果。"(见汤一介主编:《二十世纪中国文化论著辑要丛书·人间关怀卷》)太虚法师在《人生的佛教》中又说:"在人类生活中,做到一切思想行为渐渐合理,这就是了解了佛教,也就是实行了佛教。"(同上书)

[2] 同上。

需要现代化！"后面又说："我们之所以把《佛光学》编列在《教科书》第十一册，是因为数十年来佛光山倡导佛教现代化、人间化、制度化，对当代佛教的发展不无影响。"我认为，人类社会在进入二十一世纪时，"人间佛教"将会把"佛陀所究竟圆满觉知之'宇宙万有真相'"以"佛教现代化、人间化、制度化"而普照"人间"。

"现代化"是一个非常复杂的问题，它既涉及物质生活方面，又涉及制度和思想观念方面。从物质方面的现代化看，例如，利用现代科学技术（广播、电视、网络、出版印刷等）弘扬佛法相对来说比较容易；现代化制度的建立就比较困难，但比起如何使佛教的精神成为引导现代人类社会走向更加和谐与圆满，改造"人心"还是比较容易的。这就是说，"人间佛教"要十分关注净化当今人类社会最关切之问题，以佛法为其提供一最佳的解决途径。"开创佛光净土"[1]，成就一大功德，是相当困难的。而星云大师的佛光事业已取得了非常大的成功，这是大家都承认的。

现代人类社会面临着许许多多的问题，可以说是相当严重地存在着信仰危机、道德衰败、理想破灭、良心

---

1 佛光星云编著：《佛光教科书（11）·佛光学》。

丧失等，其原因是社会上众多人群为了自私的目的而争夺权力和金钱，或者说是由人们的贪嗔痴所造成的。这些社会现象和佛之宗旨、目的背道而驰，也正是佛教所要对治之病。太虚法师说："佛学的宗旨和目的，简单地概括起来，不过是自利、利他而已。其实，世间所有种种的工作云为，也不过是彼此间利益，唯所差在究竟与不究竟之别。"[1]得"究竟"法门则"现证法喜安乐，永断烦恼无明"，而不得"究竟"者则无此。故星云大师在《佛光学》中说：佛光"倡导生活佛教，建设佛光净土，落实人间，慈悲济世"[2]。"生活佛教"的目的是"建设佛光净土"，使之落实人间，这才是"利己利他"的。

当今为什么战争不断？为什么残杀无辜？为什么环境日益恶化？为什么资源浪费以至有枯竭之虑？我想，这都是因私利所驱使而发生的罪恶现象。因此，今日社会的当务之急就在于争取"持久和平"和"共同发展"，使今日之地球成为"佛光净土"。我认为，在人类所面临的最大的"和平与发展"问题上，佛教将会起着无可

---

[1] 太虚法师：《佛学之宗旨与目的》，见《太虚全书》第三十五册，第十编"学行"。
[2] 佛光星云编著：《佛光教科书（11）·佛光学》。

代替的最重要之作用,它是今日人类社会得以"和平共处"和持续"共同发展"的一种可靠保证。

佛教以"慈悲"济世[1],"五戒""十善"均以"不杀生"为首[2],而二十世纪的两次世界大战残杀生灵至亿万,如二十一世纪再发生世界大战,人类很可能会从地球上消亡。正如星云大师在《佛光学与当代思潮及未来使命》一课中说:"到了近代,物质生产丰富,人类的欲望增加,然而却是无休无止地推动着人类以各种方法掠夺地球的资源。再加上连年战争,人类清净的本性被蒙蔽了,心灵迷失了,人类面临着被贪嗔邪见淹没的危险。"[3]这正是对现代人类社会深切的体认,或者说它揭示了现代人类社会所存在的深刻危机的根源。

作为"人间佛教"最早的提倡者太虚法师,1935年就呼吁"世界和平",在其《建设现代中国佛教谈》有一节专门阐述"世界和平的渴望",其中说:"世界和平的渴望,亦成为时代趋向之要素。"[4]星云大师则多次在世

---

[1] 佛光星云编著:《佛光教科书(11)·佛光学》。
[2] 佛光星云编著:《佛光教科书(2)·佛教的真理》。
[3] 佛光星云编著:《佛光教科书(11)·佛光学》。
[4] 汤一介主编:《二十世纪中国文化论著辑要丛书·人间关怀卷》。

界各地演讲时把维护"世界和平"作为最重要的弘法内容之一。例如，1996年星云大师以《平等与和平》为题在法国巴黎演讲呼吁"和平"，并对"平等"与"和平"的关系做了十分重要的论述，他认为"平等与和平是一体两面的真理"[1]。为什么"平等与和平是一体两面的真理"？这是基于佛法的根本道理，在"法界融和是佛光学"一节开头对此有明确的说明："佛陀在菩提树下金刚座上彻悟宇宙的真理时，发出一切众生皆有佛性的宣言，为苦难的众生带来了无限的希望与光明。由此而开展出来的众生平等、法界融和的思想，就是人类得到永恒安乐的根本，是世界能达到永久和平的指南。"[2]佛教以救世为宗旨，它要拯救人类脱离水深火热之苦难，人人可以因佛法而得欢喜，这正在于人人有佛性，才有可能实现"天下一家，人我一如"[3]的理念，建设人间净土。人本无高低贵贱之分，或因自己轻视自己，或因此人轻视彼人，或因彼此轻视，这些都是心念之差错，与佛法的道理相背离。

---

1 佛光星云编著：《佛光教科书（11）·佛光学》。

2 同上。

3 同上。

《五灯会元》中说:"天平等故常覆。地平等故常载。日月平等故四时常明。涅槃平等故圣凡不二。人心平等故高低无诤。"可见,"平等"乃佛法之要义。如人心平等,则无争无斗,无贪嗔痴之累,社会何得不平安?天下何得不太平?故《佛光学》中说:"综合而言,和平要从平等中建立,平等必须你我相互尊重,在沟通与了解上必须彼此立场互易,对于宇宙间差别万象之认识,要能知万法缘生与一多不异的自然原理。"这里"佛光学"提出了两个非常重要的理论问题:一是"立场互易"之理,二是"万法缘生"之理。

二十世纪九十年代在西方哲学中特别提出"他者"的问题,对一种文化的理解,需要从"他者"的立场来加以考察,相互观照,互为主观,这样对事物才可以有个全面的和整体的认识。其实在中国早有这种看法,苏东坡的诗中有这样一句:"不识庐山真面目,只缘身在此山中。"认识自己有时要站在自己之外,站在"他者"的立场上。而人们常常是自以为是,囿于一孔之见,不知山外有山,天外有天,而陷于目盲而不辨五色。法国的学者弗朗索瓦·于连在其《更新文化人类学研究方法,重估中国文化传统对人的认识》中说:"……我想在一个外在的立场观念中找到一个欧洲思维的对立面,但我不想成为一个人类学家,只想当个哲学家。我在中国找到了这种方便，因为中国为我提供了一种外在的观点。"[1]这说明欧洲一些思想家为使他们的哲学向前发展，正在找寻一个"他者"作为参照系，在"彼此立场互易"的情况下来了解自身文化。后来于连为更进一步阐明他的观点，写了一篇《为什么西方人研究哲学不能绕开中国》。他认为，正因为中国哲学与西方哲学非常不同，如果能用中国哲学之眼光来看西方哲学，那必定能发现许多新问题，而使西方哲学更上一层楼。

佛光学从佛法"平等"观引发出来的"在沟通与了解上必须立场互易"思想，应该说可以更加深刻和广泛地运用于人类社会的方方面面，而消除隔阂和矛盾，造福于世，所以说"和平要从平等中建立"。如果不同民族、不同国家、不同群体，甚至每个不同的人都以佛光学"立场互易"的平等观来处理相互之间的关系，"把欢喜布满人间，使世界融和一体，不分种族、国籍，同中有异，异中求同，而能和睦相处"[2]，"创造安和乐利的社会，促进世界的和平"[3]，人类社会就成了和平宁静的

---

[1] 转引自《跨文化对话》第一辑。
[2] 佛光星云编著：《佛光教科书（11）·佛光学》。
[3] 同上。

佛国净土了。佛光的"人间佛教"无疑是解决当今人类社会走向"和平共处"的不二法门。

如果说维护"世界和平"是要解决好"人与人"之间关系的问题，扩而大之，也就是要解决好民族与民族之间、国家与国家之间、地区与地区之间关系的问题，那么"共同发展"就是不仅要解决好"人与人"之间的关系问题，而且要解决好"人与自然"之间的关系问题，使人类赖以生存的自然得到全面良好的保护。人是自然的一部分，人的生活离不开"自然"，这就涉及自然生态和环境保护的诸多方面的问题。

1992年世界1575名科学家发表的一份《世界科学家对人类的警告》，在开头就说道："人类和自然正走上一条相互抵触的道路。"我认为，这一看法深刻地反映了当今已遭严重破坏的地球村的实际情况。对自然界的过量开发，资源的浪费，臭氧层变薄，海洋的毒化，环境的污染，人口的暴涨，生态平衡的破坏，不仅造成了"自然和谐"的破坏，而且严重地破坏了"人与自然的和谐"，这些情况已经严重威胁人类自身生存的条件。

在全世界开始注意到"自然环境"问题时，星云大师于1998年在国际佛光会第七届世界会员大会，以《自然与生命》为题的演讲中说："自然是世间的实况，如春夏秋冬四季的运转、众生生老病死的轮回、心念生住异灭的迁疏、物质成住坏空的变化，不都很自然吗？世间事合乎自然，就有生命；合乎自然，就有成长；合乎自然，就能形成；合乎自然，就有善美。"[1]因此，"人间佛教"提出"尊重天地的生机，以环保护生代替破坏残杀"[2]的主张。这一主张无疑将能为人类造福建一大功德。

我们生活的地球是如何而有的？依佛教看是由种种条件和合而成的，这叫"缘起"。"缘起"是佛法的根本道理，任何事物成为这种事物，都是诸种条件合成的结果，正如《佛光学》中说："世间一切有为法皆无独立性、恒常性，必须靠'因'和'缘'和合才有'果'。""世间上的事事物物（一切有为法），既非凭空而有，也不能单独存在，必须靠种种因缘条件和合才能成立，一旦组成的因缘散失，事物本身也就归于乌有。"[3]地球的存在（我们生存的自然环境的存在）从根本上说，也是会化为"乌有"的，因为它也是由种种因缘条件和合而成的；但是，在地球仍然存在的时期，在人类仍然要在这个地球村生活的时候，我们就应该保护

---

[1] 佛光星云编著：《佛光教科书（11）·佛光学》。
[2] 同上。
[3] 佛光星云编著：《佛光教科书（2）·佛教的真理》。

好这个我们生息长养的自然环境,以便使大家生活得安康、圆满、欢喜。

既然地球(我们生息长养的自然环境)是由种种因缘条件和合而成的"果",如果地球成为地球的"因"和"缘"消失了,那么地球的存在就成了问题。比如说,地球作为人类生息长养的场所,它的全部海洋都毒化了,人类还能生存吗?它的植物全部枯死了,人类还能生存吗?如此等等,不一而足。实际上只要其中一个条件全然消失了,地球就再不是人类生息长养的地球了。所以佛教说的"一旦组成的因缘散失,事物本身也就归于乌有"是千真万确的道理。

在未来时代,人类社会如果希望延续下去,并且使生活更加利乐,大家都应一起来保护自然环境。这是"人间佛教"的"人间性"和"现代性"的重要体现。"人间佛教"的"万法缘生"为"环保护生"提供了一种十分重要的理论。

"人间佛教"的"现代化"与"人间化"将无疑对人类将来的命运有着极其深远的意义,它将为二十一世纪人类处理好"人与人"之间的关系和"人与自然"之间的关系,对实现"和平共得"和"共同发展"发挥重要的保证作用。

《般若波罗蜜多心经》讲义

此经在《大正藏》中共收有译本九种，流通本是唐玄奘所译本。本讲义是根据玄奘所译本，并用法藏的《疏》。《般若波罗蜜多心经》（简称《心经》）的注疏很多，除法藏疏外，主要还有玄奘弟子靖迈的《疏》、明德清的《直说》、紫柏老人（洪恩）的《心经说》、智旭的《释要》等。《佛藏子目引得》载有《心经》注疏目录五十四种，当然还不是全部。

一、解题

古时译经有所谓"五不翻"。第一是尊重不翻。对于应该尊重的名词概念，只译梵音，如般若，梵音为Prajñā。般若是智慧的意思，但不是一般的智慧，而是一种解空（分析"空"，诸法本无自性，自性空）的智慧，所以不翻。第二是多含义不翻，即一种名词概念有多种含义，中国无适当的字代替，所以只能译音。如"波罗蜜多"，梵音为parāmitā，是"到彼岸"的意思，有时可以译为"度"，支谦译的《般若小品》叫《大明度无极经》，译"波罗蜜多"为"度无极"，因为只译一"度"字含义似不完全，故译为"度无极"，意谓达到与"道"合一的境界。而《大明度无极经》似均取于《老子》之"知常曰明"和"复归于无极"。第三是顺古不翻，即沿用已久的译音，大家都能了解的意义，所以不翻。如"一阐提"，梵音为Icchantika，意思是"信不具者"，善根断尽的人，此字从来就没有意译，只有音译。第四种为此间无不翻，中国所没有的东西，如菴摩罗果之类，则保持原音不翻。第五为密秘不翻，如咒语，本经最后的咒语"揭谛揭谛，波罗揭谛，波罗僧揭谛，菩提萨婆诃"即是。咒语一般并无具体意思，是为了免除持诵之分别心，所以不翻。但分析起来有时也有具体意思（见后）。关于"五不翻"也许是齐广州大亮较早提出，据灌顶《大涅槃经玄义》中说，广州大亮立五不翻，"一名含众名……二云名字是色声之法，不可一名累书众名，一义叠说众义，所以不可翻也。三云名是义上之名，义是名下之义，名既是一，义岂可多……若据一失诸，故可不翻。四云一名多义……关涉处多，不可翻也。五云……此无密语翻彼密义，故言无翻也"。玄奘所立"五不翻"前四同大亮，而第五为"生善故，如般若"则不同。

经题中的"心"字是"核心"的意思，佛经中常有所谓"心要"，是"中心要点"的意思，不是"唯心论"的"心"或"心灵"等义。《般若波罗蜜多心经》是说，大乘佛法是全部佛法的中心，而般若学是大乘佛法的中心，本经是般若学的中心，所以简称《心经》。有人称经为《多心经》是不妥当的。"多"应和"波罗蜜"连为"波罗蜜多"。

二、科判

分析其文句之段落者，是由姚秦之道安为始，知一经之大意不可缺。

本经总分为两部分：一为略说，大略说明本旨；二为广说，分别做出论证。

自"观自在菩萨"至"度一切苦厄"为"略说"，又分四点：（1）点明修行所达到的人；（2）修行人所应修行的智慧（般若，法藏释"般若"为"神鉴"）；（3）所了悟的内容；（4）所达到的结果。

自"舍利子，色不异空"到最后为"广说"，又分为五点：（1）"舍利子，色不异空……亦复如是"，为扫除一般人的疑惑；（2）"舍利子，是诸法空相……不增不减"，说明一切事物本性是"真空"，即"真空"是一切事物的"实相"（本性）；（3）"是故，空中无色……无智亦无得"，从各方面（十二因缘、十八界、四圣谛等）分析一切是假设的名称；（4）"以无所得故……三藐三菩提"，说明"以无所得"而得解脱，靠般若破除一切法（事物）后，则佛性得借般若而显现；（5）"故知般若波罗蜜多，是大神咒"至最后，是赞叹般若的功德，以咒语的形式赞叹。法藏谓，"广说"的五部分为：（1）拂外疑；（2）显法体；（3）明所离；（4）辨所得；（5）叹胜能。

三、解说

观自在菩萨，行深般若波罗蜜多时，照见五蕴皆空，度一切苦厄。

这四句，一明造修之者，修行所达到的人；二应修习的智慧，修习者之所应习；三所了悟的内容，契证之境；四所达到的结果，明现圆克果。

1. "观自在菩萨"："观自在"是观世音菩萨名号之一。"观自在"，对事理无所障碍（无阂），是就此菩萨自己所能证悟的智慧境界而言。"观世音"是就此菩萨所度众生的悲愿而言。一是自觉,一是觉他。"菩萨"是"菩提萨埵"的简称。"菩提"是"觉"的意思,"萨埵"是有情的意思,有情意的众生。"菩提萨埵"是说"觉悟了的有情者",或者"能觉能悟的觉悟者"。前者是自觉,后者是觉他。

2. "行深般若波罗蜜多时":般若行有两种。一浅,即人空般若;二深,即法空般若。"行深般若",即不仅了解人空,而且了解法空。"行",了解义,一种思维证悟的活动,通过了解人空,且了解法空(色不异空),不仅是知解,而且是证悟(达到一种境界)。"行深般若波罗蜜多时"就是说行者(了解者)证悟人法两空解脱了的境界时。

3. "照见五蕴皆空":玄奘弟子靖迈《疏》为"照见五蕴等皆空",窥基《幽赞》亦有"等"字。为什么用"等"字?靖迈以为"五蕴皆空",乃至十二处、十八界、十二因缘、四谛也皆空,故有"等"字。

蕴:旧译为"阴",积聚义,覆盖义。

五蕴:为色蕴、受蕴、想蕴、行蕴、识蕴。"蕴"即指由多种事物(物理的、心理的等)积聚而成,无独立的自性。

(1)色蕴:指事物而言,最基本的为地、水、火、风，称为四大种色。地是坚性，水是湿性，火是暖性，风是动性。因此，地、水、火、风实是坚、湿、暖、动的代名词。"大种色"指这四种物性。另有"大种色造"，也可以包含在"色蕴"中。包括(i)可见色，青、黄、赤、白等东西；(ii)不可见色，声、香、味、触和眼、耳、鼻、舌、身的神经活动；(iii)还包括所谓"无表色"，意识活动所留下的印象；(iv)还有所谓"自在色"，是指修行人在禅定中所显现的境象（出现的幻觉）。所以有一部分生理、心理活动的现象在佛教中也认为属于"色蕴"。照佛法看，色法并无实体，因为分析到最后并无实在的地、水、火、风等。无实在的自体，即无自性，"无自性"便是"空"的代名词。

（2）受蕴：旧注"受"为领纳，大体相当于感觉作用。众生的自身与外界事物接触时就无不有苦乐的感觉。而同样的事物不同的人苦乐的感觉也不相同；甚至一个人在不同情况下，苦乐的感觉也不相同。可见苦乐的感受并无一定标准。照佛家看，外在事物既无实体，苦乐的感受又随时不同。可见受蕴也是无实体性的，无实体便是"空"。

（3）想蕴：旧注"想者，思想"，是一种心理作用，简称为"取象"，包括了别（分别判断）、联想、分析、综合等心理活动。此种心理活动是以感官所接触到的事物作为依据。有的意识活动虽不以现在的事物作生起的依据，但离不开过去事物的经验，而作为心理活动说，佛家认为自然也是无实体性的，也是"空"。

（4）行蕴：旧注为"造作"，即意志的活动，也就是说前五识（眼、耳、鼻、舌、身）与外境接触时，经过第六识（意识）的分析、综合等取象阶段之后，便进一步想到如何适应或处理外界事物，作善作恶，就在此一念之间。行蕴的生起，一方面受外界事物的刺激，一方面受过去业力（karma）的牵引，并不是有一个意志的实体，所以也是"空"。

（5）识蕴：旧注"识者，分别"，识即心王，心（意识）是主动者，受、想、行是心所，"心所"意谓"受心所动"。"识"以"了别"（判断）为性，即对外界事物的了解与分别。但受、想亦有分别了解义，但"识"不限于第六识（意识）的了别作用，也兼有第七识（末那识）和第八识（阿赖耶识）的作用，此问题详后。我们可以把"识"了解为心理活动的统一状态（统八识）。即是心理活动亦无实体性，故亦为"空"。

五蕴都是缘生缘灭，一切皆"空"。只有菩萨才"照见"，即用般若智慧认识一切皆"空"。

"空"的含义：佛教常用种种方法说明"空"的含义，而"空"在梵文为sūnya，音译为"舜若"。译为"空"，本易引起误解，好像说"空"就是什么都没有

（nothing, non-being），一切等于零（zero）。这么了解"空"并不完全相当。"空"和"无"虽有些接近，但也不相同。如王弼解"道"为"无"，"无"是"无规定性"之"本"；金岳霖曾解老子的"道"为"不存在而有"（non-existence but being）；郭象解"无"为"无物"，有non-being之意。佛教有几种方法说明"空"，主要有：

（1）三种假法：(i)体假，说"空"是没有实体的"假"，如镜花水月、龟毛兔角等，只是想象和幻想的有，而在宇宙间根本无此种实在的事物。由此类推，凡由意识所虚构的事物，都是"体假"。(ii)和合假，说一切事物都是由众多的事物构成，如一座房子，并非本来就具有的，集合土、木、瓦、石等材料，再加上人工，便成了一座房子，假如没上述这些材料和人工，便没有房子的存在。由此类推广到大千世界，都是"和合假"。(iii)相待假，是因两种事物的相互比较而生起，如因长而有短，因大而有小，以至方圆、上下、正邪、善恶、是非等，无此则无彼，故不能独立存在，色与受、想、行、识相对待，叫名色。一切对待名称，都是相待假。五蕴都无实体，由五蕴所生的我，当然也无实体，即是假体。五蕴和我都是和合而成，即是和合假。五蕴互相对待，我与非我，也互相对待，即是相待假。既具"三假"，即是"空"。

（2）佛教还常从"无自性"上说明"空"。般若空宗的基本命题,"诸法本无自性"。所谓"自性"是说"本来如此","永恒如此",不能造作,不能改变。所谓"无自性",有如下解:(i)可塑性,对一切事物可以用人力改变成另一事物。如木形无自性,所以能雕刻成各种形状,又可做成各种器物,假如有了"自性",就无法改变它的定形。由此推广到整个自然界,一切事物没有不可改变的,就这点看"诸法本无自性"。(ii)变异性,指自身的变化而言,如水,液体可以变成固体,也可以变成气体,这是最普通的变异,是属于形态的、空间的。另有属于时间性的,例如甲物生而乙物灭,乙物灭而丙物生,这是时间上的变异。佛教认为,每经七年,由于细胞不断生灭,人体即全部更换一次,这是时间又是空间上的变异。宇宙间的事物都在不断的变化之中,所以是无自性的"空"。

但"空"不等于"零",若等于"零"就成为断灭空,不起任何作用,不能出现任何现象,所以《肇论》中说:《中论》说事物都是由因缘和合而成的,所以没有自性。既然因因缘和合而成,所以也是"不无",不能说根本什么都没有。因为"真无"就是说"湛然不动",什么现象都不会发生。佛家说"空",只是用否定的形式说明超脱的思想,不要执着什么,不仅否定一切"有",也否定一切"无"。《中论》三是偈说:"众因缘生法,我说即是空，亦为是假名，亦是中道义。"为了破除人们执着事物有实在的自体，故说"我说即是空"；但倘若对"我说即是空"去执着，那岂不认为"空"是实在的了吗？《肇论》说："譬如幻化人，非无幻化人，幻化人非真人也。"所以必须加上"亦为是假名"。《放光》云"诸法假号不真"，不仅事物的名称是假设的，"空"也是"假名"。《大般若经》五五六卷中说：

> 时诸天子问善现言：岂可涅槃亦复如幻？善现答言：设更有法胜涅槃，亦复如幻，何况涅槃？

《大智度论》中说：

> 又如服药，药能破病，病已得破，药亦应出。若药不出，则复是病。以空灭诸烦恼，恐空复为患，是故以空舍空，是名空空。

说"空"是为了破除执着"有"，如果"有"已破除，就应知"空"亦是假名，而不是说一切皆"无"，了解这两方面就是"中道观"。"中道观"只是说的一种看法，并不是另外又有一个什么东西叫"中道"。

这前面一段的意思是说，菩萨在行深般若波罗蜜多时，观照所得，知道不仅五蕴中找不到一个固定的实体，乃至五蕴本身也都是无自性的，是人无我，法无我，物我两忘，有无俱泯，而得解脱。所以下面一句是："度一切苦厄。"

照佛教看，人生有八苦：生、老、病、死四种身苦，此外还有"爱别离苦""怨憎会苦""求不得苦"和"五蕴聚苦"，或称"五阴盛苦"。所谓苦乐都是五蕴所生，并无自性。只有菩萨知道苦乐是五蕴所生起的，能观照出来五蕴是空，就能解脱一切的痛苦和灾难，便得超生死解脱。所以"度一切苦厄"是本经的主要目的，是佛教徒应追求的目标。

以上是本经的第一部分，先约略地说明本经主旨大意。下面第二部分是展开来做说明。下为菩萨（或佛）告舍利子的话。舍利子，佛弟子之一，智慧第一，因其为众人请问，故菩萨呼其名而告之。内容分五层，据法藏《略疏》谓："自下第二明广陈实义分，于中有五。一拂外疑；二显法体；三明所离；四辨所得；五结叹胜能。"靖迈《疏》谓："自下第二广明般若，文亦有四：初约遣执以明般若；二以无所得故下，约就证果以明般若；三故知般若下，广叹显胜；四即说咒下，重结前经，寄咒显胜。"靖迈与法藏的分法略有不同，现据法藏的说法，分别解说如下：

舍利子，色不异空，空不异色，色即是空，空即是色，受想行识，亦复如是。舍利子，是诸法空相，不生不灭，不垢不净，不增不减。

这一段是解释前面的五蕴皆空。为什么"五蕴皆空"？当时的一般人有所疑惑谓："一切众生，悉见名色等五蕴是其实有，今何以故言菩萨见空。""色不异空，空不异色"，"异"可作"离"解，"不离"可解作"不相离""相同于"。"色"本无自性，故"不异空"，"空"非顽空，故"空不异色"。如果"色"有自性，就应该永远是"色"；如果"空"为顽空，就应永无色生起。彻尔巴斯基的《佛教的涅槃研究》译"空"为universal relativity（普遍相对性），意思是"性空"；sūnya解释为"空"。缘起性空，"空"不等于"虚无"，只是说"性空"，"性空"是"无自性"义，以"空"为性义。"色不异空，空不异色"可以说是从"用"方面说"色""空"关系，"色"与"空"必须互相依存，比如杯子可以装水，因为有"空"，"空"能装水，因为有杯子（色），色与空互相为用，所以不异。

"色即是空，空即是色"是就"体"言，言两者互为一体。"色即是空"是说当体即空，并非"色灭"才是"空"；"空即是色"是说因"空"才有"色"之妙用，比如木头的桌子，因为木头也无自性（空），可以做成桌子，如木有自性则不能做成桌子，所以才有桌子之妙用。故龙树《中论·观四谛品》说："以有空义故，一切法得成；若无空义者，一切则不成。"

法藏《金师子章》中也讨论到这个问题。"色"指缘生的法（师子）而言，"空"指无性的理（金）而言。因无自性，故可随缘（据条件而有显现）；因能随缘，故非绝对虚无。"色不异空"指"色"无实体而言；"空不异色"指"空"能随缘而言。"色即是空"谓缘起以性空为体，因"色"而显"空"，是"色即是空"。"空即是色"谓性空为缘起所依，因空而显色，是即色即空。空有不二，体用如一。色和空的关系，即是建立在缘起性空上，其"用"相同（不异），其体为一（是），受、想、行、识与空的关系，亦复如是。法藏的《略疏》对此段有注疏，但很烦琐，他自己说这段话有四层意思，谓："初段文有四释，一正去小乘疑，二兼释菩萨疑，三便显正义，四就观行释。"现录法藏《略疏》并简释之如下：

> 彼疑云：我小乘有余位中，见蕴（按：指色等）无人，亦云法空，与此何别？今释云：汝宗蕴中无人名蕴空，非蕴自空。（按：小乘因为人认为"色蕴"等空，而并没有认识到"色"蕴等本性空）是则蕴异于空。今明诸蕴自性本空，而不同

彼。故云色不异空等。

又疑云：我小乘中入无余位，身智俱尽（按：意谓小乘认为自我和自我的认识都非真实存在），亦空无色等，与此何别？释云：汝宗即色非空，灭色方空（按：意谓小乘还是认为色不空，而只认识到"色灭"才是"空"）。今则不尔，色即是空，非色灭空，故不同彼。以二乘疑，不出此二，故就释之。二兼释菩萨疑者，依《实性论》云：空乱意菩萨有三种疑：一疑空异色，取色外空（按：以色之外是空），今明色不异空，以断彼疑。二疑空灭色（按：只有空而无色），取断灭空（按：即顽空，一切皆无），今明色即是空，非色灭空，以断彼疑。三疑空是物，取空为有（按：以"空"为实有，即有一个所谓的"空"），今明空即色，不可以空取空（按：不能把"空"持著为"空"，而否定"空"即是色），以断彼疑。三疑即尽，真空自显也（按："空"的真正意思就明白了）。三便显正义者，但色空相望（按：指"色"与"空"相对而言），有其三义：一相违义，下文云空中无色等，以空害色故，准此应云色中无空，以色违空故，若以互存，必互亡故（按：意谓若"空""有"不是相对的，而是相互排斥的，不能两存。如果认为是互相依存的，那么没有一方也就没有另一方了，因此不能是"相违"的）。二不相碍义，谓以色为幻色，必不碍空（按：如果"色"只是虚幻的，就和"空"并不相碍），以空是真空，必不妨幻色（按：如果"空"是真实意义的"空"，那么也与幻色不相碍），若碍于色，即是断空，非真空故；若碍于空，即是实色，非幻色故。三明相作义，谓若此幻色举体非空，不成幻色，是故由色即空，方得有色，故《大品》云："若诸法不空，即无道无果等。"《中论》云："以有空义故，一切法得成。"（按：有"空"才得有"色"）故真空亦尔。准上应知，是故真空通有四义（按：指就"空"这方面看有四种意义）：一废己成他义，以空即是色故（按：指"空"隐而"色"显），即色现而空隐也。二泯他显己义，以色是空故，即色尽空显也。三自他俱存义，以隐显无二（按：指俱显俱隐），是真空故，谓色不异空，为幻色，色存也；空不异色，名真空，空显也。以互不相碍，二俱存也。四自他俱泯义，以举体相即全夺两亡（按：色空都不存有），绝二边故。（按：以上就"空"方面说）色望于空，亦有四义（按：就"色"这方面看亦有四种意义）：一显他自尽；二自显隐他；三俱存；四俱泯。并准前思之，是则幻色存亡无碍，真空隐显自在。（按：指幻色有存有亡没有什么隔阂，真空有隐有显是自然如此）合为一味，圆通无寄，是其法也。（按：无论从"空"还是"色"方面看都是一样的，其义圆通无所障碍，这就是"色即是空，空即是色"的道理）四就观行释者有三。一观色即空，以成止行；观空即色，以成观行。（按：如果能"观色即空"，那么就能成就"止"的要求。"止"释为"止寂"或"禅定"等；"观"，意为智慧。《维摩经》卷五僧肇注："系心于缘谓之止，分别深达谓之观。"）空色无二，一念顿现，即止观俱行，方为究竟。二见色即空，成大智而不住生死（按：指成就大智慧而得超越生死），见空即色，成大悲而不住涅槃（按：成就大悲愿而得超越涅槃），以色空境不二，悲智念不殊，成无住处行（按：如果悲愿与智慧的观念统一，那就是什么都能成就）。三智者大师，依《璎珞经》，立一心三观义：一从假入空观，谓色即是空故；二从空入假观，谓空即是色故；三空假平等观，谓色空无异故。（按：智者大师"一心三观"义谓："舍利子，是诸法空相，不生不灭，不垢不净，不增不减。"）

法藏认为，这一段是"显法体"，是说明"真空实相"的，"真空"的相状（真空的本性）是无相之相，无状之状，他说："言是诸法空相者，谓蕴等非一，故云诸法，显此空状，故云空相。"靖迈以此句"释前度一切苦厄"，故云："正由色等五蕴毕竟同空，无有生灭等故，是故苦厄亦无，故云度。"下对此分四方面解说，甚烦，故不录。照法藏看，此处"空相"即是"空性"，诸法之性为真空，诸法之体为真空实相，但佛经中，"性"与"相"常是相对而言，如"破相显性"，但有时"相"亦可指"性"，如"实相"即指"性"言。

宇宙间一切事物其本性为真空之体，即所谓其体为真空之实相，此真空实相不生不灭，不垢不净，不增不减。明僧宗泐《般若波罗蜜多心经注解》谓："是诸法者，指前五蕴也。空相者，即真空实相也。菩萨复告舍利子云：即了诸法当体即是真空实相。实相之体本无生灭；既无生灭，岂有垢净；既无垢净，岂有增减乎。"法藏又把"显法体"分两方面解释，前所言为总释"是诸法空相"，后别释"不生不灭，不垢不净，不增不减"，谓："二别显中有三对六不，然有三释，一就位释，二就法释，三就观行释。"他认为，就"果位"方面说，"不生不灭"是说："诸凡夫，死此生彼，流转长劫，是生灭位，真空离此，故云不生不灭也。"意谓一般人有生有死，永在轮回生灭之中，于是有生位到死位或死位到生位的不同；但"真空实相",无有自性,故无所谓"生灭"相。所谓"不垢不净"者是说在道的菩萨阶位,由于在道的诸菩萨虽然已经修习得清净果位,污染的障碍还没有消除干净,与"真空实相"也还不一样,所以名"不垢不净"。

所谓"不增不减"者是说在道后佛果位,过去虽然没有除尽各种障碍,但现在已经都除掉了;过去修习所生的万德,虽然没有圆通,但现在已进入圆通境界,这种"真空实相"也还不一样,所以名"不增不减"。至于所谓"法释",是就"事物"的方面真空状态说的。虽然"空即是色",但"色"是由因缘所生起,而"真空实相"并无所谓生起不生起;"色"由因缘之消失而消失,但"真空实相"无所谓消失不消失。事物的真实状态是随着事物的变迁流转而不受污染的,消除了污染的障碍也就无所谓清净不清净;排除了所有的(物理的和心理的)种种障碍对"真空实相"并没有什么增加,功德圆满就"真空实相"说义并无所谓增加什么。就"性灭说"是有为法相,与之相对的是"真空"之实相,所以叫"空相"。所谓"观行释"者,法藏据"遍计所执性""依他起性"和"圆成实性"立"三无性"观;对治"遍计所执性"立"无相观",认为一切事物既然无自性,故无可生灭;对治"依他起性"立"无生观",认为一切事物为众缘引发,即为众缘引起故无自性;对治"圆成实性"作"无性观",认为既"无相",又"无性",因而并非减损了什么,以智慧观照也并没有增加什么。故"不缠出障,性无增减""妄法无生灭,缘起非染净,真空无增减,以此三无性,显彼真空相"。像法藏等这些解释,如果不加以再解说,也是很难了解的,甚至比经文还难解释,它既烦琐,又常节外生枝,而依其华严宗之说法说之。因此,录此只供参考。

盖宇宙间一切事物都有对待,说长便有短为之对待,说短便有长为之对待。说是便有非为之对待,说非便有是为之对待。有对待就有比较,有比较就有是非。一切分别心都由此而起,有分别心就有执着。有形的事物可以用言语说明(表述、表诠),"空性"是超越对待之相,无法比较,它是超越生活经验的,所以不能用表述生活经验的语言文字来表述。不仅语言文字不能表述,乃至思维也不能攀缘(达到)。所谓"言语道断,心行处灭(路绝)"也。只能用否定的方法来遮(说它不是什么)。此文所说"不生不灭,不垢不净,不增不减"就是说明"空相"。"空相"没有生灭、垢净、增减种种世间现象。生灭言体,垢净言质,增减言量。"不生不灭"是无体,"不垢不净"是无质,"不增不减"是无量。现象界(诸法)无不具有体、质、量三种条件;但从诸法自性上言,则体、质、量一无所有,所以说是"空相"。

是故空中无色，无受想行识。无眼耳鼻舌身意，无色声香味触法。无眼界，乃至无意识界。

法藏谓此段为"明所离"，即对十二处等进行分析而加以否定。靖迈谓："当知十二处等下四门，悉是遍计所执，皆亦是空。所以然者，一切依他所起之性及圆成实性，本离名言分别之相。"此处即分析十二处、十八界、十二因缘、四圣谛等，从各方面来分析"诸法本无自性"。之所以分为十二处等，只是为方便分析"假施客名"。

本经分析"空"共有四处，各有程度上的深浅不同，由浅入深，逐层探讨。

第一是"照见五蕴皆空"，是从"有"以观"空"。因为人们所接触到的一切事物，都是"有"的一方面，当然对"有"容易产生执着，为了破除"有"，所以先否定它，引导大家从"有"入"空"。

第二是从"色不异空"至"亦复如是"等六句，是从"空"和"有"两方面来显示"中道"。因恐人们执着"空"的一面，所以在破除"有"以后，也要破除对"空"的执着。了解"非空非有"就是"中道"。并非说在"空""有"之外还有一个"中道"。

第三是"诸法空相"，是由"空"观"有"。诸法在自性上都是一样的，即其"实相"是"真空"，"诸法本无自性"。而"空相"没有现象界所显现的那些有体有质有量的差别对待相。所以从根本上扫除了人们的分别观念，无所谓"生灭""垢净""增减"，等等。

第四是此处上引的一段，从"空中无色"到"无智亦无得"是说由"空"观"空"，说明"空"也无"自性"，不应去执着。持此"空观"不仅五蕴都不是真实的存在，乃至十二处、十八界、十二因缘、四圣谛以及观照的智慧与所证得的果位，也应一概予以否定。

前面我们已经讨论过"空"中无五蕴，"是故空中无色，无受想行识"，这里可以略去不讲。下面讲"无眼耳鼻舌身意，无色声香味触法"的意思。

佛教称"眼耳鼻舌身意"是人们的六根，"色声香味触法"是外界的六尘（境）。六根和六尘，共称十二处。"处"是生长义（发生认识的门户、处所），因根尘和合就可以发识（发生认识的作用）。换而言之，即精神活动是由根尘所生起的作用。前五根为感觉器官，第六"意根"当是指神经中枢。前五尘是指一切可以接触到的现象而言，第六"法尘"是指感官所接触到的事物在意识中的重现而言。"六根"是能取，"六尘"是所取，人们对外界的认识活动，必定要有"能取"和"所取"的合作，才能产生意识活动。十二处的任何一处都不能单独生出识来，也就是都无独立的自性，"无自性"即"空"。

"无眼界，乃至无意识界"，此为释十八界的。六根、六尘再加上"眼识""耳识""鼻识""舌识""身识"和"意识"六识称为十八界。界是界限义，各有不同的作用，不能混淆。

眼识依眼根与色而有，如此等等，故亦无自性。如果外忘六尘，内忘六根，中忘六识，即是"三轮体空，一切皆离"。《楞严经》谓："根尘无依，识性元空。"所以"识"在佛教中是一个很复杂的问题，这里必须展开来做一些分析。

小乘佛教只讲六根、六尘和六识，但大乘有宗则把这个问题讲得很复杂，特别是唯识学对"识"做了很烦琐的分析，这也许很有意义。《成唯识论》卷七中说："依识所变，非别实有。"所有的东西都是"识"的变现，所以不是实有。《摄论》也详细地讨论了这个问题。

佛教中有所谓"八识"之说，此说起于何时，颇有疑问。当然到唯识大师世亲时已有"八识"，则是无疑问的。世亲之前无著在《摄论》中尚只说到"阿赖耶识"及前六识，而没有末那识。但在《解深密经》中有"阿陀那识"。这些问题，很难搞清，可靠材料很不足，现在我们只就唯识学所说"八识"做些分析。

"八识"即眼、耳、鼻、舌、身、意、末那、阿赖耶。"识"离分八，这是就其发用（作用）的不同说的，实际上只有一个"识"。此中前六识在印度早期佛教中即有，也比较好理解。前五种指五种感觉能力，"意识"原指心理活动，"末那识"乃"Manas"之音译，原也是指"意念"，依第八识而生起，又执第八识为"我"。但在世亲的唯识体系中，则以"末那"为产生"我执"（把"识"执着为自我）之意识活动，成为一种特殊的能力。世亲以为，所谓"末那识"的作用是执第八识以为"自我"（形成个别自我），正由于是"末那识"执第八识以为"自我"（本无自我），所以一切虚妄皆自末那识生。

阿赖耶识，因原字"ālaya"有"无没"之意，谓"不失"为"无没"，"虽在生死，亦不失没"（净影注），故可译为"藏识"，是说含藏诸法种子（种子：按《成唯识论》卷二谓："何法名为种子？谓本识中亲生自果功能差别。""本识"指第八识，其中能够直接产生事物的各种功能，即名种子）。"无没识"意为执着诸法种子不失。第八识（阿赖耶识）可以分两方面说明：

（i）就自我和主体方面说，阿赖耶即表示"个别自我"（Individual Self），或者个体的自我意识。由于阿赖耶即是"个别自我"（众生各有一阿赖耶识），故个别自我的一切特性，皆依阿赖耶而保存，这就是所谓阿赖耶保藏种子的意思。如《摄论》中说：

> 或诸有情（按："有情"意谓"有情识的生物"）摄藏此识为自我故，是故说名阿赖耶识。

阿赖耶识持藏一切种子，而为一"个别自我"，有似"灵魂"，但应注意，说阿赖耶为"个别自我"，此"个别自我"不是客观存在，甚至不全像"灵魂"作为一种实体，只是表示一种主体性，因此如把"个别自我"作为一实际存在也不对，而只能是"识"的集合。

（ii）就世界或万有方面说：佛教本不承认有独立的外界存在，唯识更造一"现象论"（百法），将万有皆纳入"识"中，作为"识"的变现的结果，"唯识变现"，于是阿赖耶不仅是"个别自我"，而且是万有或现象界的根源。这是因为其他的"识"的变化都依阿赖耶识而运行，现象界即由"识"所生出，所以最后也依阿赖耶识而立。

总之，阿赖耶识为"库藏"之意，因为它含藏一切能转变成为"客观存在"（我、法）的种子。从这点看来，阿赖耶识是一切现象的根源。

这里有两个问题可以讨论：

第一个问题是：阿赖耶识即是"个别自我"，那么"个别自我"是不是一独立的实体，它是否为真实的存在？然而从唯识学的教义看，把"个别自我"看成真实的和把现象界看成真实的一样错误，因为"个别自我"和现象界一样本身皆属虚妄。因此，阿赖耶识作为"自我"是自身执着为"自我"，还是为另外一种力量执着而为"自我"？这就是唯识学不得不提出"末那识"来解决这个问题，所以世亲以为，"执"第八识以为"自我"乃末那识的特殊作用。

《成唯识论》卷一中说："若唯有识，云何世间及诸圣教（按：指各种教派）说有我法（按：指'有我''有法'）？"颂曰："由假说我法，有种种相转，彼依识所变，此能变唯三：谓异熟、思量及了别境识。""假"是不真实的意思，据窥基所释，"假"有两种：一是世间所谓的"自我"和"种种现象"，叫"无体随情假"，即在本来无有自体的假相上妄执为实我、实法，如龟毛兔角；二是佛教所说的我法，叫"有体施设假"，即为了随顺世间的名言，把心识变现出来的有体相状假说为"我"（自我）、"法"（现象），如佛、菩萨、五蕴、十二处等。

"由假说我法，有种种相转"，意谓，假说有我、法，因而有种种现象变现。"彼依识所变，此能变唯三：谓异熟、思量及了别境识"。

"彼"指"我""法"，"我""法"是"识"所变

（由识变现出来的现象），相对于所变来说，"识"就是能变。能变的八识分为三组："异熟"即第八识，阿赖耶识；"思量"即第七识，末那识；"了别境识"即前六识（眼、耳、鼻、舌、身、意）。"异熟"是说"异类而熟"。唯识学认为，每个人所具有的第八识，是以过去的行为为因所成熟的果（种子），"因"有善恶性质的不同，果则非善非恶，果与因异类而成熟，所以第八识又叫"异熟识"。第七识不间断地把第八识思量为自我，所以又叫"思量识"。前六识对外境有辨别了解的作用，所以又叫"了别境识"。

《唯识三十颂》中说："初阿赖耶识，异熟一切种。"这是解释阿赖耶识存在的状态。阿赖耶识是异熟性的，所以阿赖耶识又名异熟识。异熟是经过变化，到此成熟的意思，这是对从前的活动（业）讲的。前生的善恶活动是因，积存在阿赖耶识中经过一段时间，就会成为异熟，异时成熟，如以手投石，手停止了动，石头还在飞，先有动力作用，动力作用停止了，力还未到，所以果的成熟，并不在播种的当时。因果不同时成熟。展现出新的生命形式来，这就是果。所以阿赖耶识是果，不是因，故名异熟。换而言之，阿赖耶识是业报主体或轮回主体。其次，阿赖耶识自身是拥有一切种子存在的，这是阿赖耶识内部构造问题。因此，不可把种子视为外于阿赖耶识的存在。阿赖耶识与种子为一整体的结构。

这里出现了第二个问题。由于佛教又把"识"分为"心""意""识"三大类。"集起名心",指综合作用而言,属于第八识,它储藏过去和现在的一切经验,是"心识"的总库(如:三界唯心,万法唯识。"识"是"心"之异名,《成唯识论》卷一谓:"识为了别";同书卷五:"识以了境为自性")。"思量名意",指一切分别作用而言,属第六识,不过也兼有第七识的成分。"了别名识",指前五识及第六识中的五俱意识和独散意识而言。它所担当的任务全属认识范围。"思量"应为第七识,为什么第六识也包含在其中?这或许因为"意识"本身在佛教中又分若干种,在佛教经典中常分为四种:1)五俱意识。是五根接触外境时与五根俱起的意识。五根只能感觉外境,不能分别其为何物,有了同时参入的意识,才能分别外境的实际情况。2)独散意识。独散意识是独立生起的,不需要有外境的助缘(作为辅助条件),但是独散意识所借助(攀缘)的条件,依然是生活经验中的印象(如过去的经验)。3)梦位意识。即梦中所显现的事物,是一种幻象,是显现在深层意识中的,不是表层意识所根据的事物。但是幻象依然是生活经验中的一些零星事物所拼合成的,由表层意识进入深层意识中,在表层意识停止活动时,才能显现出深层意识的活动。

但是假如表层意识对一切事物不起分别心（执着，有好恶），印象不深刻的事物就不会收藏在深层意识中。4）定位意识，也是一种深层意识的活动，完全是在禅定中发生的一种特殊精神状态，此为普通人没有的经验。

看来，五俱意识和独散意识是属于第六识，而后两种则属于第七、第八识，梦位意识是把过去的印象在梦中再现为"自我"所执，执着于深藏在意识中的印象在梦中再现。定位意识是得到佛、菩萨境界的一种意识，应是把第八识转成一种智慧而有的。因此，"意识"在佛经翻译中，有时指第六识（manavijnāna），有时指末那识（manas）。但为什么都叫"意识"？在佛经看来，对象和所依的主体是不同一的。如眼识是就眼根而立的识名，眼不等于眼识本身。第六识（意识）是就所依的意根（第七识）而立的识名，意不等于第六识（意识）本身。所以第七意识和第六意识的相互区别，一是就对象的作用来解释的，一是就对象所依的主体来解释的。

在佛教唯识学中为什么要有一个"末那识"？末那识执着第八识以为"自我"，但本来没有一个实在的"自我"。由此，一切虚妄皆自"末那识"生出。这就发生出"末那识"与前六识的关系问题。本来阿赖耶识为一切识的根据，所以第八识又叫"根本识"。前六识也是以第八识为根本依止而生起的。如果阿赖耶识为一切识的根据,它自身也应有执自身为"自我"的能力。为什么要"末那识"来执第八识以为"自我"呢?所以看来并没有特别的理由要将"末那识"和"阿赖耶识"分为二识。这个问题,我也一直没有搞清楚。

前面我们说阿赖耶识又名藏识,是说它含藏诸法种子。熊十力在《存斋随笔》中说:"说及(阿)赖耶识,约有二义:一近于潜意识,即下意识;二近于神我。此二种意义夹在一起。"[1]这就有"阿赖耶识"与"种子"究竟是什么关系的问题。所谓"种子",实际上说就是"潜意识",或者说是意识(我们所说的意识)的潜在状态,藏伏在第八识中,具有一种能生的势力,能产生与自己同类的现象(能生自果),所以又叫作功能。阿赖耶识的能够"聚集"一切种子,真谛称它为"宅识"。《辨中边论》说:"识(按:指第八识)生,变似义、有情、我及了。"第八识生起的时候,能够变现出类似外界事物(义),有情识的众生以及第七识(执阿赖耶识为"自我")和能了别外境的前六识。第八识怎么能变现出世界上的一切来呢?因为它聚集了产生出世界的一切种子。

---

[1] 熊十力:《体用论》。

何谓"种子",也有种种说法,常常引用的是《成唯识论》卷二中的一段:

> 何法名为种子?谓本识中亲生自果功能差别。

在第八识中有各种不同的能够亲自产生和自己相应的现象(自果)的一种能生的能力。这种能生的能力(势力)叫"内种"(在阿赖耶识内的),而所产生的与自己同类的现象叫"外种",如一切现象界事物,如房子、桌子、椅子等,"外种"只是由阿赖耶识变现出来的假象。而"种子"(内种)有两类:一叫本有种子,指阿赖耶识中从来就具有的各种各样的种子;二叫始起种子,是一种"后天"才有的,由"识"的各种"现行"活动"薰习"出现的种子(由活动所引起的影响生出来的种子)。

这里有几个问题可以讨论:

第一,在唯识学派中对"种子"(阿赖耶识的成分)是否应分为两类有不同看法。唯识十大论师中,护月以为一切"种子"皆为本有;难陀之说则以为一切"种子"皆为新薰(始起),是后天才有(因起惑、造业、招果而有);护法则融合各派,认为各种事物的"种子"皆有"本有"和"始起"两种,也就是说在无限时间中,阿赖耶识原有各种子,而各种"种子"在无限时间中亦不断接受薰习又成"新种子"。为什么唯识学在这个问题上有很多争论,这里有一个根本理论问题很难解决,即有两种种子有何根据。如果为无始以来本有,那么就根本不可能没有,成佛如何可能?如果"本有"指生来就有,那就也有一个"始起",即由原来的"惑"(造业)引起的果,因此都是"新薰种子"。那么由此推上去还得有所谓"本有",但推到头又得为"起始"而"本有"也不可能,如果可能则无成佛问题。因此,唯识学的"种子说"很难解释这些矛盾。

第二,关于"现行"问题。也可以用"现起"这个词。现者,呈现,不像种子那样潜藏着;行者,相状义。"现行"就是说由种子显现而成之相状(此处"相状"并不是指有具体的形状,无相之相,无状之状,各种意识活动也都是),所以现行是和种子相对而言。种子是潜藏的意识成分,现行是显现的意识活动(如贪、嗔、痴等)。

第三,薰习。习指习气。薰习,由习气所起的影响。习是身、口、意三业(活动所造成的势力)的活动,因此也叫业习。业习是活动的习惯,是身、口、意的活动所刻画的一种性格,形成一种习气,这种活动的余势,可以引起另一种活动。众生(有情识的生物)的习气(新薰种子)由第八识收藏,潜藏在第八识的这种力量,就是我们过去生活中所养成的业习,它能影响众生的现实活动。现实活动的结果又成新的习气（种子）而潜藏在阿赖耶识中。

总之，照佛教看，广大的宇宙和一切生命活动，都是精神活动的结果，而精神活动又是互相依存，互为条件，无其一亦无其二，无独立之自性，依根（六根）、缘尘（以色、声等为条件）、起识，十八界都是因缘所成，从根本上说是"空无自性"，所以《般若心经》认为都应否定。

※※※

问题讨论

唯识学以为阿赖耶识含藏一切"种子"，种子是现象界发生的根源（现行之因）。这就是说"种子"是因，现象是果，这无异于说"种子"成为一种精神性实体，或说它是现象之本体。然而佛教的本体（如有"本体"的话）应是"真如"。这样就可能形成二重本体。"种子"可现起种种现象，而"真如"是不起作用的。这样"种子"自为"种子"，"真如"自为"真如"。"种子"是变现为一切现象的根源，人们执着现象（包括"自我"）而不得解脱。那么如何解脱？唯识学认为就必须"转识成智"。依靠什么力量"转识成智"呢？这样就引起了关于阿赖耶识的性质问题的讨论，对此分为三派：

（1）《摄论》以为"阿赖耶"的性质为杂染（以阿赖耶为染污及烦恼的根据），这样一来，靠阿赖耶本身，人们不可能"觉悟"而得到解脱，所以《摄论》又立第九识，叫"阿摩罗识"（āmala），作为解脱或得道的根本能力。

（2）《地论》以为"阿赖耶识"是清净，即为"真如"或"佛性"或"如来藏"。慧远《大乘义章》中说："前六及七同名妄识，第八名真。"（《八识义》卷三）所以第八识是成佛的根据。

（3）《成唯识论》以为阿赖耶识非染非净，但含藏的种子有两类：一为"有漏"种子（引起烦恼导致生死轮回的种子）；一为"无漏"种子（断除烦恼的种子）。两类种子含藏于阿赖耶识之中，"有漏"为"染"之根源，"无漏"为"净"（觉悟）之根源。这就产生了两个问题：（i）阿赖耶识非染非净，所含藏的两类种子为染净的根源，这样就可以问，"种子"和"阿赖耶识"是一是异，从道理上说应是即一即异，但实际上起作用的是"种子"，"阿赖耶识"形同虚设。（ii）而"种子"为什么分两类，"无漏种子"（觉悟性或觉悟能力）由何而来，并无明确说明。

为什么唯识学会发生困难，我想是因为它看到了"空宗"把一切都否定的危险性，使真如佛性无安立处，故立八识以纠正之。但"阿赖耶识"如即是"佛性"，人们就不必"转识成智",因人们本身就是"佛"。如"阿赖耶识"不是"真如佛性",即要陷入二重本体。为什么会如此?这就在于佛教要否定现实世界,这样必定把世界二重化,把本体与现象割裂,因此有这样一不可克服的矛盾。这个问题可能很复杂,或者应有更深入之研究。

***

无无明,亦无无明尽;乃至无老死,亦无老死尽。

这一段经文是讲十二缘起的,"缘起"是指事物的起因,一切事物皆待缘而起,也叫"缘生"。佛教认为,宇宙万有都无独立或固定的自体。人生也并非实有,只是依一切现象相互以为条件而存,甲以乙为条件而存有(存在),乙又以丙为条件而存有,以至于无尽,这就是缘起或缘生。"尽"为"灭"义。一般说缘起有四种:

(1)业感缘起。人们由于起惑、造业、招果三者循环相续,而要受尽种种之苦难,不得解脱。"惑"是心的妄见;"业"是身(行动)、口(语言)、意(意见)留下活动的习惯(影响);"招果"是进入轮回,指活动的结果。

"业",梵语 Karman 或 Karma。"业"作为一种活动的结果看，则必定有此"活动"为谁之活动的问题应加以说明。这里要涉及"欲"与"无明"。依佛教之根本观点，生命活动基本上是"自我"在昏迷中（迷妄之中）之活动，这叫"无明"（迷暗势力）。而"自我"在迷妄中，即呈现为一"盲目意志"，在佛教中称为"行"。就其活动不断追求而言，即称为"欲"。"自我"在"无明"推动下，即成为由"欲"推动的盲目意志。依此，所谓"业"即"自我"在迷妄中之活动的结果，此种结果造成具体生命（积成），且造成相继的"流转"，即"轮回"（招果，招苦果）。在相继不断的生死轮回中，业感缘起，在佛教中，为大小乘共同的理论。

（2）阿赖耶缘起。又称为唯识缘起。因"识"虽分为八，而阿赖耶识为人的根本识，故称"阿赖耶缘起"，此为唯识学所主张。

起惑、造业、招苦果三者流转，是以阿赖耶识为生起的主体。因一切现象都是"识"的变现，"万法唯识"，离"识"无"法"可谈，所以《解深密经》说："诸识所变，唯识所现。"因此，无阿赖耶识则惑、业、苦果失所依据。因为惑、业、苦果都是由阿赖耶识所包含（执持）的种子现行（显现的意志活动）的现象；自我的这种意识活动又影响阿赖耶识（自我自身），成为新薰种子（如用一种香花薰胡麻子，用胡麻子榨出来的油也有香气,这种胡麻子上的香气就是新薰种),这种新薰种又成为未来的现行。这样:1)本有种子(潜意识,意识的潜在状态)遇到一定的条件而成为现行(意志活动所呈现的现象)。2)由自我意志活动遇缘而成为各种现象,是由本有种子所作用的;本有种子或染或净,但不可能同时表现出来,而是遇一定条件表现为净或表现为染,所以现行要有其他条件才可呈现(主观意识之条件)。3)新薰种子是由现行而成的(现象存于阿赖耶识之中)。这样三者辗转循环,成为一种因果关系而不断。这里其实有许多问题没有完满解决,不说阿赖耶识是生起的主体,为什么阿赖耶识非染非净(见《成唯识论》)而可以含藏或染或净的种子?说"本有种子遇缘而为现行",这些条件是否亦为"本有种子"?根据何在?似乎《成唯识论》并没有完全解决这些问题。

(3)如来藏缘起。亦称真如缘起。就佛教本身看,唯识的阿赖耶缘起,是就个别自我的意识活动而生起现象界,但各人之阿赖耶识不同,即各有各的现象界(万法唯识),虽说有共相种子,如共相种子可变现为山河大地、草木虫鱼等"器世界"(山河大地等),但既为个别自我之"识",其微细内容也各不相同。所以阿赖耶识缘起只能说明现象的生生灭灭,而不易说明超现象的真如性体(不生不灭之本体)。《胜鬘经》等经论提出"如来藏缘起",《大乘起信论》提倡"真如缘起",都以"清净心"或"真如性""如来藏"为世界本源。"真如佛性"平等如一(是一绝对自由自主之本体),能随缘不变(在因缘变化中本体不变)。就其不变方面说,是绝对自由自主之本体;就其随缘方面说,则可染可净(看条件),染(对净)则在六道之中,净则出四圣(声闻、缘觉、菩萨、佛)。因此,"真如"虽然随缘有种种现象,而其本身不变,是一不生不灭之性体,故为生生灭灭阿赖耶识的根据。

(4)法界缘起。"法界"有多义,此指一切事物。阿赖耶识由如来藏(清净心)所生,如来藏的本体是"真如",而真如本体不能更有所生,万法由如来藏变现;既由如来藏变现,故一切事物必互相通融,因此一事物生起则一切事物即生起,也就是说一切事物互为缘起,互为因果,辗转相生,无有穷尽。广大的宇宙是一个互相联系、互相作用的整体。一切事物,心理的、物理的、时空中的、超时空的,成为一个大缘起,更无孤立的事物,没有单独存在的事物,所以也称无尽缘起。华严立有"判教"学说,他们认为:小乘教为业感缘起;大乘始教为阿赖耶缘起;大乘终教为如来藏缘起;华严宗教为法界缘起。佛教讲事物之所以存在,事物之间的关系大都以这四种缘起为据。这是华严宗所分的,所以法界缘起为最高。但这四种缘起并无高下,只是从不同的角度观察事物。如业感缘起，是就事物的因果关系而言；阿赖耶识缘起，是就生起因果关系的心识而言；真如缘起，是就生起心识之本体而言；法界缘起，是就心识之用而言。了解"缘起"，再讨论"十二因缘"就比较好了解了。

"无无明"中的第一个"无"字和前面六个"无"字一样（如"无色""无受想行识"等）是否定词，说"无明"从根本上说也是不真实的。

1）"无明"：意谓本能的无意识的欲望要求，是一种愚昧无知的状态，或如一种不由自主的冲动，熊十力说"无明者，谓一大迷暗势力"，但玄奘认为无明"非懵然无知"。"无明"有许多异名，如"痴""惑""烦恼""愚""无知""黑暗"等。

2）"行"：由"无明"引起的意志活动。《杂阿含经》说"缘无明，行者"，以迷暗势力为缘（条件），生起的意志活动。

3）"识"：能认识的主观因素，有"六识"或"八识"。一般认为，有"识"才有"行"。佛教则认为"意志活动"是由"无明"作为条件引起的；有了"意志活动"才能引起"识"的发生。因此，这里的"识"只能是潜在的心理活动的因素（尚未成为众生），即托胎前的心识活动。

4）名色：所认识的客观要素，是由能认识的主观要素生起的。"色"指五蕴中的色蕴，即物理现象；"名"指"精神现象"。其所以称"名"而不称"识"（心识），因为"识"有了别（了解分别）的意义，而在母胎中的"心识"（意识）不能生起现实活动，只有一个"名称"，所以用"名"来称"识"。"名色"以潜在的"识"为条件。这是已成众生但未成形的阶段。

5）六入：指眼、耳、鼻、舌、身、意六根在母胎中的状态，可逐渐长养而成感觉的认识器官，它不叫"六处"，而叫"六入"，是说它可以逐渐长成为"六根"，而尚未长成为"六根"。它是以"名色"为条件，由"名色"引起的。

6）触：六入接触事物而始有的感觉。"触"（感觉）要有根（认识器官）和尘（认识的对象）结合才可以生起。感识如果没有六种认识器官作为条件，它是不能生起的，所以它是以"六入"为条件的。

7）受：对所触（感受到的）对象生起苦乐的感受（领纳）。梁启超认为是"爱憎的感情"。有感觉才可以有以感觉为对象的苦乐的感受，所以它以"触"为条件。

8）"爱"：欲望或者说是"贪爱"，现实的有意识的欲望。"受"还只是苦乐的感受，还没有欲望，而"爱"则有欲望，它是以"受"为条件。

9）取：是执着，对一切事物的追求和执持都是"取"。有欲望就叫以引起对事物的追求和执持，这样就把个体作为真实的存在执着之。

10）有：天地万物的现实存在，包括整个世界。另一说"业"。由于有执着，才把天地万物作为现实的存在（或谓活在世上的成年人对于世界迷执为实有）。或说"有"有"三有"，即"三界""欲界"（有饮食、男女等欲的世界，人类所栖息的世界）、"色界"（在欲界之上，已离开了饮食男女的众生所栖息的世界）。它仍然离不开物质。无色界：在色界之上，是无形体的众生所栖息之所，无物质的世界，只有精神。

11）生：来世的生或个体的存在。因为有执着，把"有"持着为真实的存在，这样必然在轮回之中，而成为未来的生。有大地万物的存在，即有"个体之存在"。熊十力把"生"解释为"来世的生"，那就是说是"轮回"。但这种解释不是佛教的意思，因为"有"已说是世界上的成年人，对于世界执迷为实有，那就不能说"生"是"来世的生"，因"来世的生"并不是现实的存在。所以熊十力先生认为"有"既然是"众生对于世界而迷执为实有"，那么"生"就应是"众生由迷执世界为实有，遂增长了他的生存欲望"，即执着于"生"（或谓"有"是对自身以外的执着，"生"是对自身的执着）。

12）老死：有生即有老死，而其中"死"为必然的，不一定非经过"老"，故以"老死"为一支。梁启超把"无明""行"说是过去因;"识""名色""六入""触""受"为现在果;"爱""取""有"是现在的因,感未来的果;"生""老死"是未来果。或者也可以认为:"无明""行""识"为过去因;"名色""六入""触"为现在果;"受""爱""取""有"为未来因;"生""老死"为未来果。但熊十力先生对"十二因缘"有一些不同看法。他认为,"无明""行""识"三者虽分为三,而实混而为一。"无明"是一大迷暗势力,"行"则是承受迷暗而起成为一种造作(意志活动)的势力,而主导前二者则为虚妄分别(不真实的意识),即是"识"。而这三者为就宇宙的起源而说。五蕴是就现象说(心理的、物理的),而前三者的"无明"不同于五蕴的"痴"("行蕴"中包含有"痴心所现");"行"也不同于五蕴中的"行","识"也不同于五蕴中的"识",如果全同则无十二因缘,所以有"无明""行""识"三潜在者,而有显现的"名色"(五蕴)。所以十二因缘是一过程,由隐而显又隐,不断循环,互相依存,并不能单独存在。由因造果,果又成因,而都无实在性。

十二因缘中"无明""爱""取"是"惑"(起因),故曰起惑;"行"与"有"为"业",为惑引起的"造作",故曰"造业";"识""名色""触""受""生""老死"为苦。凡苦都有被动性,受"业力"支配。众生因起惑而造业，因造业而招苦果。在受苦时（因不了解受苦之因）而又起惑，三者循环，无有止境，生死轮回，流转不息。佛教讲十二因缘的目的，是说明人生是一个大苦的轮回圈，因造果，果又成因，循环往复。十二因缘虽支支相扣，无有自性，但人不觉悟时，总得在其中轮回，只有"灭无明"，以至"灭老死"，才可以得到解脱而成佛。

*＊＊

问题讨论

（1）十二因缘中有"行"与"识"，又有"名色"，"名色"中的"行"与"识"与上说的"行"与"识"如何分别？熊十力认为前者为潜在的，后者为现实的；而一般认为分为过去因（行）、现在果（识）。但如为现在果（识）则与"五蕴"中的"识"如何分别？

（2）"名色"与"爱"等如何分？可以分为现在果与"未来因"，但如梁启超说则不好分。

（3）"有"和"生"如果都是"存在"，"有"包不包括"众生"的现实存在？是否仅指"众生"存在的环境？如不包括"众生"的存在，那么在《辞海》中说"有"为"由贪欲引起的善与不善的行为"有无根据？有世界的存在才有个体的存在？

（4）为什么"无明"是十二因缘之始？熊十力解释说："释迦提倡出世法，本是反人生的思想。其于宇宙人生专从坏的方面去看。"这是否可以成为"无明"是十二因缘之始的理由？

"无无明"乃至"无老死"是说明"缘起"，即是说由"无明"为因缘而生起"行"，由"行"为因缘而生起"识"，乃至由"生"为因缘而有"老死"。这叫"缘起门"。假如从"老死"开始，追溯根源，推求为什么有"老死"，是由有"生"，因为有"生"才有"老死"。再推求为什么有"生"，因为有对把天地万物看成是实在的存在（"有"）。由此逐层类推，最后推到"无明"为止。"无明"这种迷无知而不能明了我空、法空，一切执着为实有，于是才有意志活动和"爱""取"等烦恼伴随而起。有了"爱""取"等烦恼为因，必招感到老、死等烦恼的果。不过这些烦恼的因素，是互相依存的，不能独立存在，无有实体。因此，用一个"无"字来把所有这些都否定。十二因缘既然可以消除，如何消除？就是用"灭无明"的方法，"尽"即灭的意思。由"无明"开始灭，直到"老死"为止。这叫"还灭门"。缘起是此有故彼有（无明缘行），还灭是此无故彼无（无明灭行），而起与灭都是缘起，都是无独立的自性，本性是空，所以还灭门也用一"无"字加以否定其实在性。

***

无苦集灭道,无智亦无得。

这两句是说,四圣谛"苦、集、灭、道"也是假立的名称,方便立名,所以说无。四谛是四种真理,唯有智慧高的圣者可以通这四种真理,所以叫"四圣谛"。"苦谛"有所谓"八苦"(见前)、"五苦"(生老病死、爱离别、怨憎会、求不得、五蕴聚)、"二苦"(内苦:病为身苦,忧愁嫉妒为心苦;外苦:恶贼虎狼等之苦,风雨寒热之灾)、"三苦"(一苦苦,身寒热饥渴等苦缘所生之苦;二坏苦,乐境坏时所生之苦;三行苦,一切有为法无常迁动之苦)、"四苦"(生、老、病、死)等分类。"集":是指业力的聚集而言,招致这些苦果原因。"灭":消除一切烦恼产生的原因,而达到"常乐我净"的涅槃境界。"常":永恒常在。"乐":无苦痛充满欢乐,称"大乐"。"我":即法身,称"大我"。"净":断除一切烦恼,称"大净"。"道":达到"常乐我净"的涅槃境界修道的方法。

佛教为了使人们了解"四圣谛"的方便,提出三个层次以说明"四圣谛"的属性:第一层次叫"示相",对"四谛"进行描述,"此是苦,逼迫性;此是集,招感性;此是灭,可证性;此是道,可修性"。第二层次叫

"劝修"，告诉人们应如何修行。"此是苦，汝应知；此是集，汝应断；此是灭，汝应证；此是道，汝应修。"第三层是"作证"：是人们经过修行而达到的结果，可以证实达到的结果。"此是苦，我已知；此是集，我已断；此是灭，我已证；此是道，我已修。"

"苦""集"是世间因果，"苦"是果，"集"是因；"灭""道"是出世间因果，"灭"是果，"道"是因。由果追溯原因，因果都是在一定的关系中，由众缘所生。即为缘生，故无自性，所以"四谛"也是毕竟空，应予以否定。

"智"是能观照的智慧，"得"是行观照而证得的道理。所以"智"是"能得"，"得"是"所得"。把一切看成空无自性的"空"，和能依把一切事物看成是空无自性所得到的道理，其实这两方面也是空无自性的。"能空"是内心空，亦即"无智"之谓，"所空"是外界空，亦即"无得"之谓。境智俱泯，能所两忘，即毕竟空。这是菩萨的最高境界。或者我们也可以说，"法空"是"无智"，"我空"是"无得"，能了解"法无我""人无我"，就可"无智亦无得"而解脱。

以无所得故，菩提萨埵，依般若波罗蜜多故，心无挂碍；无挂碍故，无有恐怖，远离颠倒梦想，究竟涅槃，三世诸佛，依般若波罗蜜多故，得阿耨多罗三藐三菩提。

这一段是说明，以"无所得"而得解脱（不执着什么），靠了般若破除一切法后，则佛性得借般若而显现。

此处"无得"与上处"无得"不大相同。上面说"无智亦无得"是为了破除"我执"和"法执"。这里的"无得"是破除广说所谈及的内容。本经由"是故空中无色"起说明五蕴、十二处、十八界、十二因缘都是空无自性，都应破除，这是一般人把这些执着为真实。"无苦集灭道"是破除声闻乘（声闻：谓听佛陀言教的觉悟者，只能遵照佛的说教修行，并唯以达到自身解脱为目的的出家人，最高果位为阿罗汉）、缘觉乘（缘觉：音译为辟支迦佛。一、出生于无佛之世，当时佛法已灭，但因其前世修行的因缘，自以智慧得道。二、自觉不从他觉，观悟十二因缘之理而得道）二乘人所执着的。"无智亦无得"是破除菩萨乘人所执着的。此处的"无所得"是总结上文"是故空中无色……无智亦无得"，这一段中所用的十二个"无"字，对五蕴等一概予以否定，照见一切皆空，离我法两执而得解脱。这是"般若"的妙用，也就是本经的宗旨所在。

从"菩提萨埵"到"究竟涅槃"是说：菩萨能依般若波罗蜜多的方法观照（认识）"空"的道理（诸法本无自性故空，空无自性），达到了能知一切空无所得的境地（前面讲的"无所得"故），以前由一切烦恼执着所生的障碍，便一扫而空。既无障碍，自然无恐怖的心理；既无恐怖，自然远离一切颠倒梦想。颠倒是由我法两执（把自我和外界执着实有）所生起的一切不合理的观念，如把"无常"看成"常"，把"非乐"看成"乐"，把"无我"执着为"有我"，等等。有了这种颠倒的观念，自然会产生梦幻不实的妄想，以求满足欲望。菩萨证悟了"空"的道理，所以能远离一切颠倒梦想，证得究竟涅槃的境界。

"涅槃"是"般涅槃那"的简称，有无生、无灭义。无生是永绝胎、卵、湿、化四生；无灭是与整个永恒的宇宙等量齐观。总之一切动乱纷扰的烦恼，到此都无，而达到"常"（永恒不灭）、"乐"（永除诸苦）、"我"（大我、法身、与万物为一）、"净"（永绝一切杂染）的涅槃境界。

"三世诸佛"以下是说众生靠般若波罗蜜多而得到无上正等正觉的智慧而得成佛。三世，指过去、现在、未来。"阿"是"无"义，"阿耨多罗"是"上"义，"三藐"是"正等"义，"三菩提"是"正觉"义。"阿耨多罗三藐三菩提"即"无上正等正觉"，指对宇宙人生真理有正确觉悟者而言。照佛教看，外道（佛教以外的各种学说）也有觉悟到真理的，但不彻底，不正确。声闻、缘觉也有正确的觉悟，但是只是认识"我空"一面，而还没有说到"法空",不是普遍的正等(无邪曰正,无偏曰等)。菩萨虽然证得正等正觉,但还不是最上,只有佛才能证得无上正等正觉。

这里有个问题,上文已说"以无所得故",方可达到"究竟涅槃",这里为什么又说"得阿耨多罗三藐三菩提"呢?"无得"而又"有得",岂非前后矛盾?这是因为前面讲的"得"是指一切有对待的事物而言,如"无智亦无得","智"是能得,"得"是所得,互相对待,有对待就有分别,有分别就可以有我法两执,故须破除,所以说"无得"。"菩提"是超越了对待差别的境界,平等如一,我法皆空,它是在破除之后(般若遣相),佛性借助般若这种智慧而显露。本来众生都有佛性,只是受到了种种蒙蔽,在破除了一切障碍之后,佛性就自然显现了。所以说佛不过是已证得菩提的众生,众生是未证得菩提的佛。过去、现在的佛指已证得菩提而言,未来的佛是指未证得菩提的众生而言。无论是谁(众生)靠了般若的智慧达到彼岸,就可以证得阿耨多罗三藐三菩提。

故知般若波罗蜜多,是大神咒,是大明咒,是无上咒,是无等等咒,能除一切苦,真实不虚。故说般若波罗蜜多咒。即说咒曰:揭谛揭谛,波罗揭谛,波罗僧揭谛,菩提萨婆诃。

这一段是赞叹般若功德。"大神"是能降魔，比喻般若有极大的力量；"大明"喻赞般若能断除一切愚痴，破无明；"无上"喻赞般若是一切法门（学理）中至高无上的效用；"无等等"喻赞般若威力广大，非余所能及。"能除一切苦"，这包括身心内外一切大苦小苦在内。这些苦都是虚妄不实的，到了真实不虚的境界，一切苦也就自然消灭了。"揭谛"是"去"的意思；"波罗"是"波罗蜜多"的省语，"到彼岸"义；"僧"是"众"义；"菩提"是"觉"；"萨婆诃"言"疾速"，疾速成就。"揭谛揭谛，波罗揭谛，波罗僧揭谛，菩提萨婆诃"的意思是，去呀！去呀！到彼岸去，大众一齐去，正觉疾速成就。

《般若波罗蜜多心经》只有二百六十字（或多一两个字），但包括佛教教义的各个方面，涉及很多名相，它以观自在为修持的目标，以度一切苦厄为全经纲领。一切苦厄，是由自己身心不自在（不能于事理无碍）所引起的。而身心不过是由物质和精神现象组合而成。众生把这些物理和心理现象当作自己的身心，执着不舍，而不知心物都是因缘和合而成，并无实在的自体。一有执着之心，便如作茧自缚，追求物质与精神的满足，而将本来有的觉性蒙蔽住了。其实众生本来就是佛，本来就有佛性，并不是在自身之外另有一佛性。只需把一切蒙蔽自身的污染去掉，便能恢复原有的清净本性，乃至"智"和"得"也一齐去掉，这样就可以去掉一切对待，不再为众生，永除一切苦厄，得以自在无碍而成佛。

可以讨论的问题当然很多，但这中间有一关键问题似需解决：如果破除一切，也应破除"佛性"，如果不破除"佛性"，那么对"佛性"（清净本性）也应是一种执着，这个问题应如何解释？如果说"佛性"只是一种"觉悟"，那么"觉悟"有没有"主体"？如果没有"觉悟"之"主体"，那么"觉悟"是否就落空，即无所谓"觉悟"与"不觉悟"？如果有一"主体"，那么照说"主体"应该破除，所以"空宗"的"不立自宗"是否能行得通，实是问题。如果立了一"主体"就与"无我"发生矛盾，般若学自然不能是这样的。所以把佛教思想作为一种哲学思想来研究，就会发现它自身并非一个十分圆满的哲学体系。如果把它仅仅作为一种宗教看，宗教是一种信仰，有些问题自可不问，所以说"佛教亦宗教亦哲学"，这就看你从哪一方面看了。但我们是研究哲学的，因此应该把某些问题提出来讨论。

附录一
文章出处

本书共收录19篇文章,分为两辑,辑一包含乐先生12篇文章,辑二包含汤先生7篇文章。

其中《探索人的生命世界——漫谈米兰·昆德拉的小说》《如何对待自身的传统文化》2篇分别参考中国广播电视出版社《探索人的生命世界》2007年9月版,第33—38页、第60—62页;《作为〈红楼梦〉叙述契机的石头》《"情之所钟,正在我辈"——读〈世说新语〉随记之一》《逍遥放达,"宁作我"——读〈世说新语〉随记之二》《三真之境:真情·真思·真美——谈季羡林先生的散文》《互动认知——文学与学科》《文化自觉与中国梦》《中国文化面向新世界》《漫谈佛教在欧洲的影响》《以东方智慧化解文化冲突》9篇分别参考译林出版社《乐黛云散文集》2015年10月版,第253—258页、第307—312页、第313—319页、第73—82页、第293—305页、第359—365页、第381—386页、第415—419页、411—414页;《人文素质是什么》参考东方出版中心《清溪水慢慢流》2011年11月版,第176—177页。

《论儒家哲学中的真善美问题》《论儒学与中华民族的复兴》2篇分别参考上海教育出版社《中国传统文化的特质》2019年1月版,第89—110页、第52—67页;《"孝"作为家庭伦理的意义》《〈世说新语〉中的"七贤风度"》《"人间佛教"之意义》《〈般若波罗蜜多心经〉讲义》4篇分别参考译林出版社《汤一介散文集》2015年10月版,第347—356页、第357—378页、第413—423页、第425—463页;《论老子的书和他的思想》参考中国广播电视出版社《哲学与人生》2007年9月版,第60—73页。

附录二
推荐语

我们这一代人已支离破碎,失去根基,纷纷老于世故,在清澈的老一辈面前是有愧的。"汤乐三书"辑录了一个世纪的回忆片段,而作为读者,我们只有通过这些文字在自己身上复活这个似乎已成往事的漫长而复杂的世纪,与它一起呼吸,荣辱与共,才会理解,那种百折不挠的理想主义(或者说浪漫主义)能够与智慧、谦逊和宽容,如此奇迹般地、持久地结合在一起,是多么不易——更有经历的读者会在每一页文字后面读出"爱"。

——程巍

这里有隽永的文字,这里有热情而动人的沉思。

汤一介、乐黛云两位先生是大时代的儿女,他们穿越时代的狂飙巨浪,从大风大雨中走来,告诉我们:

有一种风骨,叫作不可转让的尊严;

有一种传承,叫作以对历史的信念去面向未来;

有一种英雄,叫作看透生活却依然热爱生活。

——陈越光

阅读这套文化学术随笔，对于什么叫作爱不释手更有了切身的体验！跨越两个世纪，一对中国优秀知识分子伉俪，以优美智慧的锦绣文字，把你带入百年风云变幻的大时代！他们的生活与情感，追求与理想，顽强与坚持，面对世事艰辛，笑看风云变幻，始终从容镇定的人生态度，都会在掩卷之余，久久存留于你的记忆之中。

——陈跃红

汤一介和乐黛云先生自喻为"未名湖畔两只小鸟"，他们乃中国文化和文明比较领域的卓然大家。他们的文章，充盈着对人类命运的关切、对文化价值的珍视，其理明、其思远、其情真、其词美。开卷可见哲思之流淌、掩卷可享博雅之沉淀。

——干春松

这一套小书包括他们丰富的人生阅历、深厚的思想追求和对前沿学术的探索，如此坦诚、细腻，沧桑而丰厚。

——贺桂梅

精选辑录的"汤乐三书"，在各自讲述自己家庭和生活道路之后，一起开讲中国哲学和比较文学精义的"国文课"。由于他们的研究在学术界的影响力，回忆的前辈、师友多是现代中国知名学者和文化人士，而几十年的遭际也紧密连结着当代诸多政治和文化事件，这些叙述能让我们窥见时代风云的驳杂光影。但是它们更重要的价值是在人格性情上的启示。一个冷静温和谨慎，一个浪漫热情勇敢，却"儒道互补"般相濡以沫几十年，在患难中扶持并携手同行;"去看那看不见的事物,去听那听不见的声音,把灵魂呈现给不存在的东西吧"的进取;知与行、真与善、为学与为道统一的人格追求;绝不趋势附炎、"事不避难,义不逃责,素位而行"的承担和操守……由于生命真诚、执着的投入,他们所期望的和而不同、通过对话构建多元文化共存格局的人类理想,也因此变得可信、似乎也可行起来了。

——洪子诚

他们从沙滩红楼到未名湖畔,数十春秋,命里注定比翼而飞。

他们在修德讲学中,事不避难,义不逃责;亦浪漫,亦幻灭,亦追求;迷失自我,又找回自我。生命的花火由此而绽放出绚丽的光辉。

他们以自由、独立的精神,以海纳百川的胸襟,究天人之际,通古今之变,会东西之学,在全球化视野下反本开新,在各自学术领域树立起灿烂的丰碑。

他们用语言,把无数的心灵照亮。

——王达敏

当真正的理性熔铸为恒久的浪漫,平凡的书斋生活就成了岁月的传奇。这里呈献给读者的三本书,是汤一介先生、乐黛云先生的散文精粹和思想短论。时代巨变下的感受、思考,峰巅谷底间的记忆点滴,文字平实,思想深刻,既是文学精品,也是学术华章。勇敢、真诚的生活留下的印迹,将成为未名湖畔的经久传说。

——杨立华

饱经世事沧桑，体会人间百味，而依然纯粹如精金、温润似良玉的人，才能写出如此自然通透的文字。而文字的境界，或许还在其次。更重要的是，这些用热血、生命和智慧写成的篇章，会让我们更能理解什么才是真正的读书人，什么才是最美好的爱情，什么才是最值得过的人生。

——张辉

总以为汤乐二师的特点是"儒道互补"，然感谢时代华文让我们可以对读两位先生，方才体认到，无论是"天人合一"的存在关怀，"熔铸古今""兼通中外"的全球视野，文史哲融汇的阅读与思辨经验，还是"留下无痕迹的痕迹""追求非有非无之间"的生命感悟，都诉说着二位先生的"同"而非"异"：对生活、他人、自我以及学术的真诚。

——张锦